寻觅意义

王德峰 著

人文讲演录

山东文艺出版社

果麦文化 出品

目 录

中西方文化差异的渊源　1

中国哲学的人生境界　28

哲学与大学精神　52

读书如恋爱　67

真正的伟大属于心灵——漫谈西方古典音乐　76

人文研究与"书呆子"　89

艺术与真理　100

做我们时代的民族脊梁　120

当代文化状况与中华文化之生命　124

两种真理　141

传统之于教育和民族　160

寻觅意义　169

中西方文化差异的渊源

复旦大学的本科生有这样一个社团，名为国学社，而且历史已经蛮长，是1991年起始，这是一个很好的事情。国学社的存在，其意义不仅限于少数几位同学对中国古典学问有研究的兴趣。这种兴趣是非常好的，非常有意义，也是我们精神生活的一个方面。在今天的中国，国学社的活动越来越具有普遍的意义，因为它关系到我们这个民族在当下如何选择未来。

我们借鉴、改进了西方的政治制度，也引进了诞生于西方的经济制度，也就是现代生产关系的体系。在一百多年来中国近代史上，这是两件大事情。

当然，还有一件事情，就是向西方学习其思想和文化。五四新文化运动是向西方学习的文化运动。从西方找来老师，不仅是德先生和赛先生，清末开始还引进了西方的哲学，例如康德、黑格尔的哲学进入了中国。也就是说，在思想文化的领域里边，我们向西方也学习了一百多年了。这一百多年来向西方学习，对中国的进步有很大的意义。

这个进步，它的标准是西方设定的，因为我们是被迫进入现代化的国家。现代化的首要目标，就是工业化；工业化的前提，就是必须引入市场原则，引入资本的逻辑。

我们有过一段不短的时期，就是搞社会主义计划经济体制的时期，但是这个时期仍然属于资本的时代，是一个没有资本家的资本社会。为什么这么说？我们在计划经济时代搞的是商品经济，即不是产品交换，是商品交换。不同的生产部类之间的交换是要通过价值，亦即商品价值的交换来实现的，所以价值规律一定起作用。价值规律一旦起作用，剩余价值规律也就发挥作用。

后来改革开放起步，我们全面接受了市场的原则，从计划经济体制向市场经济体制转变，引发了整个中国社会的巨大的转型。四十多年来，我们中国人努力地学习资本的逻辑，我们以为，通过进一步地让市场经济健康、正常和完善，就会带来中国的进步。但是现在，我们遇到了一个基本的问题。

这个基本问题就是，今天的中国社会，并没有由于资本逻辑的引进而形成一个理性的社会秩序：独立的个人，彼此之间按照以理性做基础的契约原则打交道。这一点，直到今天没做成。将来会不会成？

以前中国人有句话："各人自扫门前雪，休管他人瓦上霜。"这就是一盘散沙的中国人。但是这个"门"是家门，它还是家。家在内部有它的伦理法则，有它的道德价值。

今天这个以家庭或者家族为单位的"沙"也已经分解了。今天的沙粒，是利己主义的个人。于是，信任危机发生了，导致不良社会现象层出不穷。

在这样一个社会背景之下，我们看到了国学社的活动，以及社会上许多阶层对国学的再度关注和国学复苏这样的现象。这现象有深刻的原因,也有重大的意义。所以今天我带来这样一个话题:中西文化差异的渊源。

中西方文化差异的根源在语言

中国文化与西方文化的差异,在今天这个资本全球化的时代,会不会被抹去呢?在西方诞生的资本,造成了真正的世界史,它结束了各个民族孤立发展的历史。世界通史是资本带来的。资本诞生于欧洲,但它一定要突破欧洲的疆界来征服世界,因为资本是这样生存的:资本的生存就是资本本身的增殖,资本一旦停止增殖,它作为资本就死掉了,它变成了消费基金。以资本为主导、以资本逻辑为原则的现代人类的经济生活,不可以停止资本的增殖。

既然资本的生存方式就是它的增殖,这就意味着它必须把全世界的人的消费需要看成它的市场,把整个地球的自然资源看成它增殖的材料,于是,它一定突破欧洲的疆界,去征服非欧洲民族,从而带来了世界史。

由资本的逻辑所要求的社会关系的主导原则是什么呢?是在独立的个人之间建立以理性为基础的契约。于是,人权的原则和人道主义的原则被广泛地接受。在中国文化中所体现的人与自然的关系,以及人与人的关系,似乎只存留在我们中国人的记忆之中了。

事情真的会如此演变下去,直到有一天,中国文化以及从中国文化精神中所形成的社会原则只成为历史的回忆?

面对这样一个问题,我想,国学社的同学,进入中国古典学问的研究之中，就是为了探讨当下之中国重建精神家园的思想资源究竟在哪里？以及，以儒家为主导的中国文化精神的现代化，是否可能？再以及，与此相关联的，"马克思主义的中国化"是否可能？马克思主义的中国化，离不开中国思想做基础。也就是说，这是一个中国文化精神传统与马克思学说的关系问题。

因此，我们今天讨论的问题，其实是全民所关心的基本问题。

我相信，资本的全球化不可能夷平民族之间的文化差异。假如夷平的话，全世界的人类只有一种文化精神，只有一种思想，只有一种智慧，而这绝不是我们可以期待的美好的远景。假如全体人类只有一种思想，只有一种智慧，那就是思想和智慧的结束。

我们中国人还是中国人，这一点恐怕是不用怀疑的事情。

80后90后，在成长的过程当中一度认为他们是世界公民，"中国人"只是一个种族的概念。我儿子在成长的过程当中就会这样想，因为他读书的过程，进入小学、初中、高中，课程体系基本上是从西方引进的，只有少数课程科目，比如说历史课里边有一点中国历史，语文课里边有一点古典诗词，这算中国文化的，至于数、理、化、外语都是从西方引进的学问，再到大学的学问体系，大家都可以看得很清楚。国学只有很小一块，是吧？

但是，我们无论是怎样在西方的知识体系和学问体系当中成长，我们的业余生活无论是怎样欣赏好莱坞大片，读西方的书，吃麦当劳、肯德基，西服革履，我们变成西方人没有？我们还是中国人。

80后现在逐渐认识到这一点，越是到海外去留学的80后，越是更清楚地认识到这一点。他们在西方国家生活，在短短的三个月里，一定会遇到 cultural shock（文化震荡），他们终于意识到自己还是中国人。

我们现在要问，为什么向西方学习了一百多年的这个民族，每一代的年轻人都曾经崇拜西方、向往西方，我们却始终学不成西方人？其根源在汉语。

我们如何理解语言？从科学的角度来看语言，就会认为语言属于人这种高级的动物，人比其他动物更聪明，发明出一套符号工具系统，用一个个词语做符号，给外部事物贴上一个个标签，再把这些符号组织在一个句子里边，用一个个句子来保存和传达信息和知识。这样来理解人类的语言，就是关于语言的科学观点。

这种科学观点只是把人类的语言当成符号工具，但语言是人类存在的家。

"人以语言之家为家"，这是海德格尔的一句非常重要的话。

动物没有语言，除非你在比喻的意义上说。动物没有语言，所以动物没有"世界"，只有"环境"。人有语言，于是人有一个"世界"：大地山川，星辰河流，向人呈现出来；万事万物，整个宇宙，向人呈现了，因为人在语言中。

人类对世界的基本经验，是在语言中的经验；人对世界的基本理解，是在语言中的理解；人在这个世界上生活所形成起来的最基本的生存情感，也是在语言中形成起来的。人的基本的人生态度，也是在他所在其中的母语给他的。所以，只要汉语存在一天，我们就仍然在中国思想中，我们因此仍然是中国人。这是一个基本判断。

除非有一天，汉语消失了，我们才不在汉语所积淀和保存的中国思想和智慧里了，也不在汉语所凝聚和保存的人生态度、生命情感和世界理解之中了。一种语言的消失，是对世界的一种理解框架的消失。所以，我们不管怎样向西方学，我们仍然是中国人，根源就在汉语。

凡是能够体现凝聚中国思想、中国文化精神的汉语的词语，没有一个能够翻译成欧洲语言。

例如"缘分"这个词，就无法译成欧洲语言。比方说：今天3月27号，我来到了复旦大学3108教室跟大家见面，这是我的缘分。

大家马上听明白了，是吧？不用解释的。你把缘分这个词翻译成英语试试看，怎么译？"我认识你真是缘分啊"，我很感慨地说了这么一句话，你马上听懂了，因为我们都是中国人。第一层意思你已经明白了：我认识你，不是我们预先计划好的，没计划过——偶然性在里边了。

但是我们同时又用缘分来说必然性，例如说：五百年修来同坐一条船。这是要五百年修来的，这是在说必然性了。我跟大家，在今天这样一个晚上，济济一堂地讨论中国文化问题，这要多少年修来？要算一算的。总而言之是必然性。

缘分这一汉语的词语，把一对对立的范畴——偶然性和必然性——统一在一起。在英语中你一定找得到表示偶然性的单词，也找得到表示必然性的单词，但在英语中有哪一个词同时表示偶然性和必然性？没有的。我们都是中国人，彼此说话方便，但当我要跟一个英国哲学教授说"我见到你真是缘分啊"，你用英语试试看？你最多说"幸运"是吧。说幸运，他也承认的，幸运就是偶然的开心的事情。然而我告诉他绝非偶然，他会很奇怪：怎么不偶然？

这种事情，跟中国人讲，全明白的；跟欧洲人讲，怎么能明白呢？中国思想和西方思想的差别在这里我们也能看到。

佛家三句义

《金刚经》中有三句义，这是一种表达式，在经文中经常出现：

<u>如来说世界，非世界，是名世界。</u>

第一句话，"如来说世界"（如来说，有一个世界）；第二句话随即来了，"非世界"（就不是世界）；第三句又来了，"是名世界"（所以称它为世界）。

这叫三句义。又如："如来说，第一波罗密，即非第一波罗密，是名第一波罗密。"

……

我当初念中学时，有幸读到了《金刚经》，读到三句义时脑子就乱了，我搞不懂这是在说什么。

而今看来，其义大抵如下。

第一句，"如来说世界"，就是有一个世界，但你千万别把这个世界看成实体。西方的宇宙观长期以来是实体的宇宙观，实体的最小单位最初称"原子"。后来物理学发现原子也不本原，里边还有基本粒子，以为找到基本粒子，最终的实体就找到了，但后来发现还不基本，据说还有夸克。总而言之，他们无穷无尽地追问：使世界成立的实体基础是什么？

这个实体的观念，别以为它仅仅存在于我们对物理学的学习当中，它也影响我们对这个世界的看法。但是世界不是实体。所以在三句义第一句"如来说世界"之后，马上就要否定它是个实体的存在，这就是第二句"非世界"。但是，把这个世界作为实体否定掉了，并非世界就没有了。这个世界虽然不是由实体组成的，但它是缘起组成的，所以有第三句："是名世界"。

佛教最基本的原理是四个字：

缘起性空

这是佛教的各种宗派共同承认的，不承认这一条，就不能算佛教的宗派。

何谓缘起性空？比方说，我手头拿的这个矿泉水瓶子，有没有它自身的实体存在？按照西方观点，有。它要被分解为物质的最基本的单位构成，比方说基本粒子。

佛家的观点是，它没有实体性的存在，这叫"自性本空"，没有自己的本性。矿泉水的瓶子怎么来的？各种因缘聚合而成。各种条件汇合起来，成了这个事物。这个条件会聚合，也会离散，"缘会则生，缘离则灭"，万事万物无不如此。

你先要同意这一条。你不同意这一条，就不能进入释迦牟尼的智慧。

我小时候也蛮早知道缘起性空四个字，我也觉得理论上能够接受，因为一切事物都无常，没有常住不变的事物，"诸行无常，是生灭法"，我同意的，我就以为我懂了缘起性空，其实没真懂。

什么时候真懂了？不是逻辑上理解的。2000年，我母亲去世；2006年，我父亲又去世。当我父亲去世的那一刻，我深深地体会到了缘起性空。

我出生在我父母所组成的家庭里，我在这个家庭里面长大，我自然而然地认为，这个family（家庭）应该永远存在。到2006年的那一天，我知道，它没了。这就叫缘起性空。

释迦牟尼讲佛理开宗明义，让我们理解这个世界就是缘起性空。但是不要因为性空就执空了。执着于空，又错了。世界作为实体是不存在的，要把它空掉，但世界作为缘起是要承认的，缘起是真实的。不因为性空而否定缘起的真实性，于是第三句话要说，"是名世界"。

这世界就是一系列缘起，缘起本身要确认为真实。这一个基本道理，年青的一代应早早地领会它。

我们来想一想这三句义之妙义。当我们在恋爱的时候，我们正在寻找一个理想的丈夫或理想的妻子，我们带着这样一个美好的愿望，这个愿望，就是我们自己在心中构成了一种如柏拉图所说的"理念"，理念是柏拉图所讲的"实体"——我带着关于"怎样的妻子才是理想的妻子"的想法，追求了那个女性；那个女性呢，也带着"怎样的丈夫是理想的丈夫"的想法，追求了一个男性；然后他们终于结合了，每个人带着一个实体做标准来衡量对方。

错在哪里？实体本不存在。哪有一个女性是天生的妻子？哪有一个男性是天生的丈夫？丈夫是谁做出来的？是妻子做出来的。而妻子是丈夫把她做出来的。丈夫与妻子的关系是交互性关系，缺了一方就没另一方，这种关系叫：

缘

"我就是一个最标准的丈夫，向你走来"，有这种事情吗？其实是我等待着你把我做成丈夫。你也不是作为一个标准的妻子向我走来，你等着我把你做成妻子。我儿子出生的那一天，我知道他把我也生出来了——他把我作为父亲生出来了。别以为只是我们生了一个儿子，其实，儿子把我们作为父亲或者母亲，也生出来了。哪有一个男性是天生的父亲、天生的丈夫？哪有一个女性是天生的母亲、天生的妻子？都不存在。所以鲁迅先生说得好，他说妻性不是天性，母性和女儿性才是天性。当然，这个天性也要有体现的机会，这机会就是你把女儿生出来，女儿把你作为母亲也生出来。

鲁迅先生讲的妻性是什么？妻性就是母性加女儿性，终于还是缘，总而言之是缘。所以，要破除实体之观念，要懂得这三句义。中国思想，主要是儒家、道家和佛家三家，这三家没有一家有实体观念。

西方文化的源头

西方文化，要从它的源头说起。源头是，在有哲学之前已有宗教，即原始宗教。希腊的神话很发达，还发展出神谱学（哲学的前身）来。希腊的原始宗教构造出一个超现实的世界，这个世界在奥林匹亚山上，最高的神是宙斯，还有诸神，诸神之间的关系有它的道德法则、道德秩序……希腊人用这样一种原始的宗教和神话，构造出一个和人世间不一样的世界：神的世界。

构造这个神的世界的目的是什么？是为了让人间的秩序有神圣的保证，有神圣性。而中国人却不需要这一点，中国人建立的社会秩序是以血缘做基础的，一开始就是亲族制度，然后上升为政治上的关系。

为什么有这样一个差别？追溯它的根源，首先是地理环境。中国是广大的内陆国家，中国人很快地从游牧生活转入农耕文明，在土地上建立起自然的村落和定居的生活。在一个自然村落里，人与人的关系都有血缘关系可以追溯，谁是我的伯伯，谁是我的叔叔，谁是远亲，都可以追溯得很清楚。这样一种定居的自然村落的生产方式和社会生活关系，可以用亲族关系做基础来奠定其社会秩序。

古希腊的文明是爱琴海文明，多岛屿的地理区域，常会发生这样的现象：一个部落为了寻找到更好的自然环境，殖民到另外一个岛屿上去。海上殖民运动频繁地发生，于是，不同的部落会在同一个岛屿上相遇，他们如何和平共处呢？他们无法像中国人那样按照血缘关系、亲族制度来建构社会秩序，他们只有一个办法：

契约

如果三个部落共居于一个岛屿，这三个部落之间的关系不可能用血缘做基础，只能建立契约。但契约是人定的，也可以被人破坏，所以要让契约神圣，其方法就是构造一个神的世界。用神与神之间的秩序、道德，来规定人间的秩序。让人间的秩序有神圣性，这就是西方在哲学之前的宗教的基本任务。

宗教的本意是什么？是恢复人与神之间所订立的契约，这正是religion这个词的本意。人类社会的罪恶都来自人破坏了人与神之间所订立的契约，于是人受到了惩罚，而重建这个契约，就是宗教。重建人与神之间的契约就是宗教的活动。

这一点告诉我们，在西方哲学起步之前，西方的宗教思想已经区分出两个世界了：一个现实世界，一个神的世界；一个此岸，一个彼岸。然后哲学才起步。哲学起步后不久，出现了苏格拉底这样的人物，后来又有他的学生柏拉图。柏拉图建立起第一个完整的哲学体系。柏拉图的哲学，概括地说，就是：

理念论

柏拉图不再用宗教的语言说话。他凭理性说话，要用理性的语言同样构造出一个彼岸的世界来，这个世界就是理念世界。

我们先要懂柏拉图。理念论，在这里无法展开，我用一个简单的例子来说明理念的成立。

比方说：

什么叫一把锤子？

我们所看到的这把锤子，它的特殊形态，比如这样一个锤子的柄，加上这样一个锤子的头，这便是一把锤子吗？

不。锤子之为锤子，不在于它的外部特征。我们之所以认识到这是一把锤子，是因为我们心中本就有锤子之理念，于是每一把具体的、感性的锤子,其实是对锤子之理念的模仿——我们听到这种说法,会觉得很奇怪。

按照理念论,每一个感性的事物都是对理念的不完善的模仿。比如说,这匹白马、那匹黑马,都是对马之理念的模仿。当然,模仿出来一定不完善,一定有缺陷。怎么理解这件事情?很简单。

假如我现在要完成一个任务:把一个图钉敲到这桌子上去,我常用的那把锤子不在场,但我是还要做成这件事,我就举起我这块手表,把图钉敲到了桌子上——这时候,它是手表吗?不,它是锤子。锤子就是这样对人而存在的,它是理念。所以,锤子之为锤子,不在于它的具体形象。手表一点也不像通常的锤子,但我就是把它做锤子用了,因为我心中有锤子之理念。

我们现在有一点懂了。由柏拉图的理念论产生出一个重要的结论:现实世界是不完善的。因为现实世界由感性事物构成,而感性事物都是对理念的不完善的模仿——天下没有任何一把具体的锤子,可以被称为锤子之理想。假如一个丹麦人举起他们所造的锤子,向全世界各民族宣布:这是唯一真正的锤子。这话就很荒唐,不是吗?所以,感性事物都是对理念的模仿,并且一定不完善,于是又一个重要的结论来了:

<u>现实世界的缺陷来自它跟理念之间的差距,所以世界应当被改造。</u>

西方自从柏拉图思想成为传统以后,改造世界的要求就不断被提出来,为什么?

第一，现实世界被发现有缺陷。怎么发现的？因为心中有理念，拿理念来对比现实，现实就有缺陷了。第二，有了缺陷怎么办？改造它，让它更接近于理念，这叫进步。这个逻辑，完全可以用来说明锤子的历史。我们今天的锤子，跟原始的锤子，形态差别很大，我们有了水压机，这就是现在的锤子，形态上跟最初的锤子差别很大，而且，这同时代表着从原始的锤子到今天的锤子的进步。

所以，西方一定提出历史进步论：世界应当被改造，因为它只是不完善地模仿了理念，要克服它的缺陷，而每一次克服都带来一次进步。

理念论表明西方文明跟中华文明有根本的差异。我们中国人可曾想过要改造世界？今天确实想了，这是因为受西方的影响，以前只想到天人合一。

在中国思想、中国文化精神当中，永远发展不出西方的技术来。我们改变自然物的方法不是处理它，不是改造它，而是更好地实现天人合一，其原则是艺术。手工业劳动者的技艺不是技术，这是两种不同的关于自然的态度。

由于西方特别是近代以来的西方，在资本的要求下发展出以技术来改造自然的要求，柏拉图的理念论在近代以来的西方文明当中得到了最充分的体现，它可以创造出自然界中本来没有的东西。比方说泡泡糖，自然界中本无此东西，所以你在吃泡泡糖的时候一定要注意，咀嚼完了它的滋味之后你不能咽下去，因为它无法在你的身体内部完成代谢，你必须把它吐出来。若追溯渊源，泡泡糖就要追溯到理念论。这些东西一旦造出来，就无法进入自然界的循环中，所以被称为白色污染。白色污染只可能产生于西方文明。

更可怕的事情是什么？爱因斯坦发现了 $E=mc^2$，这在理论上发明了原子弹。按照这个公式，在物质中蕴藏的能量是其质量与光速之平方的乘积！

于是人类开始了对核能的利用。但我们不能利用核能，我们只能利用太阳赐给我们的能量。为什么？核能的利用要有一个前提：它能绝对安全地被利用。我们且不管核武器的事，假定全体人类做出共同决定销毁一切核武器，仅仅和平地利用核能，比如说核电站，这同样包含巨大的危险。因为这样做的前提是：人类能够绝对安全地使用核能。那么这里又有一个前提：人不会犯错误。但人是会犯错误的动物。这是一个哲学的命题和宗教的命题。人不能以为自己在理性的武装之下可以不犯任何错误，达到完美和无限。这不可能。人归根到底是有限的，他被虚无包围着。

所以，柏拉图主义有重大的成果，但这些成果当中也包含了重大的危险。

还有另一个成果，就是人类以理念论的原则来建构社会秩序。我们现在都欣赏西方理性的社会秩序。现在的社会秩序不再按照宗教的法则来建立，社会生活不再有唯灵论的光环、神圣的光环，一切的社会组织，不是暗示着个人向更高的精神价值攀登的道路，而是一个平面化的、理性的架构，社会的每一个组织、每一个单位，它组织的秩序都是按照理性来建构的。为什么按照理性来建构，并且大家都接受了这一点呢？唯有一个理由：

效率

这样的社会秩序，这样的组织内部的秩序和制度，我们接受它的原因就是：理性的安排给我们带来了效率。于是社会世界的非灵化也就完成了。

当然，我们不能因此就说西方近代以来的文明压根儿就是一个很不好的、充满了毛病的文明，我们必须承认它带来的进步成果。

比方说，我们在技术的运用下实现了"不靠天吃饭"这件事情。中华民族是农业文明发展程度最高的一个民族，但它在历史上始终面对着靠天吃饭这件事。所以北京有天坛，皇帝要率领众臣祭天，祈祷大自然的风调雨顺……

中西之比较

我们已经知道了西方文化的特征，简单地说就是柏拉图主义。它有重大的世界历史意义，它广泛深入地影响了非欧洲民族。现在我们回过来，看一看中国文化和中国哲学的特征。

中国没有真正意义上的宗教。我们有佛教，而且佛教还中国化了，但佛教在严格意义上说不是宗教，因为它是无神论的：

佛教没有神。

佛教在民间的信仰方式当中才有了宗教的特点。比方说我们拜一个菩萨，拜一个佛像，我们仿佛在拜神，并且请他们帮助我们，我们会去烧香许愿，然后再还愿。

这是佛教在民间信仰当中产生的形式，佛的世界仿佛是一个神的世界。其实佛、菩萨、罗汉……不是神，都是普通的人。普通人修佛可以修到三种境界，第一境界是阿罗汉，第二境界是菩萨，再往上走，是佛。佛不是神。释迦牟尼是普通的人，Buddha这个梵文单词被翻译成佛，它的本意是觉悟者。所以，佛就是觉悟者。

我们现在还不是佛，是因为我们尚未觉悟，但是我们都有佛性。这是一个基本原则。所以佛教是无神论的。

有一个禅宗的公案是这么说的。一个弟子，有一天终于忍不住问他的师父："师父啊，你能不能告诉我，佛究竟在哪里？"师父跟他这么说："在你面前，听你说佛法的，就是佛。"

佛性不是神性。众生是佛，众生是尚未觉悟的佛，佛是已经觉悟了的众生。我们年初一要拜佛，严格来说，不应该到寺庙，而应该彼此互拜。我在拜你，你也在拜我，就是佛与佛在互拜。

中国思想跟西方思想，根本差别在哪里？简单说来，儒道佛三家都论道，都没论出两个世界来，我们中国人只有一个世界。

天道在哪里？天道在人民生活中，它不脱离人民生活。所以孔子说过这样一句话：道不远人。

<u>天道不在彼岸世界里，天道就在人民生活中。</u>

同学们大概都知道《大学》《中庸》这两篇重要的儒家文献。

它们跟《论语》和《孟子》并列在一起,称为"四书"。四书的次序是先《大学》,后《中庸》,后《论语》,后《孟子》。

《大学》为什么放在第一篇?因为它是"初学入德之门"。开篇第一句话是:大学之道在明明德,在亲民,在止于至善。

这被称为"三纲领"。这三个纲领能表现中国文化精神、中国哲学的根本特征。

在"明明德"中,第一个"明"是动词,第二个"明"跟"德"连在一起,"明德",还要对这个"明德"来一个明,叫"明明德"。为什么?

明德是我们本有的仁心,我们每个人都有。比如赤子之心,一定是明德,所以"大人者,不失其赤子之心者也"。明德是虚灵不昧,人人都有。

最早把这件事讲出来的是孟子,他说人心有四个善端:恻隐、羞恶、辞让、是非。是本性具备的,所以可称为"明德"。

我们把这个思想跟西方思想比较一下,特别是跟西方基督教比较一下。按照西方基督教的观念,人本有的是罪,原罪,不是明德。所以人的希望在于信仰上帝。侍奉上帝、敬重上帝、敬畏上帝,等待上帝对这个有罪的灵魂的拯救。我们自己的灵魂,对于我们自己的罪孽是无能为力的。

而中国儒家思想一开始就讲明德。但是我们会遮蔽明德,因为在现实世界当中,人还有器质(肉体)的一面。明德是天地之性,肉体给我们器质之性。食色性也,我们要饮食,我们要男女,我们有各种趋利避害的要求,这一切,都有可能让我们的明德被遮蔽。于是有一个功夫一定要做,叫明明德。但前提总归是有东西好"明"——我们都有，即明德。再度让它呈现出来，是明明德，儒家称之为复性之功夫。

儒家讲的修养，就是复性：恢复我们本有的明德，让它呈现。真理不要到外面去求。孟子讲"万物皆备于我矣，反身而诚，乐莫大焉"。

明明德怎么明？明德肯定是跟天道统一的，否则不能叫明德。德者"得"也，我们从天道那里获得了我们的德性。《中庸》第一句话："天命之谓性，率性之谓道，修道之谓教。"我们的明德跟天道贯通，那么，天道在哪里？高高在上吗？你如何明明德？把自己关在房间里一个人苦思冥想，能够把明德明出来吗？不是的。

第二条纲领是："在亲民。"

亲民是明明德的途径。进入和体察人民生活，叫亲民。后来朱熹把亲民改成"新民"，错了，那叫改造。要改造百姓吗？不，要亲民。

不是说，你做了君王要亲民，做了官员要亲民，我们每一个普通的人都要亲民，我们都在体察人民生活，我们也在人民生活中。

<u>真切地体察人民生活，是明明德的唯一途径。</u>

"大学"就是大人之学，不做小人，做君子。做君子一定要关怀天下，体察人民生活，这就叫亲民。

第三条纲领是"在止于至善"。讲人生的最高目标，所要达到的最高的完善。

回过头来看《大学》开篇。第一，讲明明德是复性之功夫。

第二，这个功夫哪里去做？体察人民生活，真切地领会在人民生活中体现的天道，然后身体力行，以达到个人的人生价值的完美，"在止于至善"。这就是三纲领。

我们把这三纲领跟西方思想，例如柏拉图学说比较一下，差别很清楚：真理不悬在现实人世之外，而就在人世之中。

同样，把佛学中国化的惠能，讲过这样的话：佛法在世间，不离世间觉。离世觅菩提，恰如求兔角。

佛法是在人世间的，不能离开世间去求觉悟。离开这人世间去寻找最高的觉悟（菩提），就好像要在兔子头上找出两个角来一样荒谬。兔子只能长两个耳朵，没两个角。

佛法在世间，天道在人民生活中，众生的烦恼以及克服烦恼的努力，就是天道之体现。用惠能的话说，"烦恼即菩提"，不要害怕烦恼，烦恼倒是用来修行的，烦恼是修行之资具。

我们拿中国思想来跟西方思想做比较，所达到的最基本的认识是两条：

<u>第一，在中国思想中并不包含此岸世界与彼岸世界的区分。</u>
<u>第二，中国人所能接受的真理，不是逻辑的真理，是生命情感的真理。</u>

后面这一条，现在要专门地说一说。《中庸》的第一段是这样讲的：

"天命之谓性，率性之谓道，修道之谓教。道也者，不可须臾离也，可离非道也。是故君子戒慎乎其所不睹，恐惧乎其所不闻。

莫见乎隐，莫显乎微，故君子慎其独也。喜怒哀乐之未发，谓之中；发而皆中节，谓之和。中也者，天下之大本也；和也者，天下之达道也。致中和，天地位焉，万物育焉。"

"天命之谓性"，我们人的天性是从天命下贯而来。"修道之谓教"，我们并不是少数那种圣人，圣人不需要教化，大多数人都需要教化，所以要修道。"道也者，不可须臾离也"，片刻都不能脱离的，"可离非道也"，天道渗透在我们生活的每一个方面，每一个细节都有天道在其中，你不能说生活归生活，或者一个人独处的时候什么事情都可以干，不可以的，天道也在这里边体现的，所以不可须臾离之。"故君子慎其独"，你不欺于暗室，你一个人在房间里面做什么事情都没人看见，可以肆意妄为吗？也不可，因为你过的是人生，人生的每一个细节、每一个方面都是天道在其中，所以，"是故君子戒慎乎其所不睹"，戒，就是提醒、警告，我做什么事情人家看不到，你也要慎重；"恐惧乎其所不闻"，你做的事情没传出去，你也要恐惧。"莫见乎隐，莫显乎微，故君子慎其独也。"

我们来看天道的内涵。中国哲学讲的天道，绝不是如柏拉图讲的理念，也不是西方近代哲学讲的理性的法则。天道在哪里？"喜怒哀乐之未发，谓之中"，在心里活跃的是喜怒哀乐，全部丰富的生命情感都在内心。"发而皆中节"，生命情感一定会表现出来，但每一次表现都要恰当，不过分，叫"中节"，叫"和"。

"中也者，天下之大本也"，天下之大本在我们喜怒哀乐的生命情感中。天下之大本不是理念世界，也不是现在的科学所揭示的所谓自然的规律等等。天下之大本是我们的生命情感。"和也者，天下之达道也"，我们每个人都有生命情感，一定会表现出来，而且肯定是在人与人的关系中表现出来。如果在人与人的关系当中生命情感的表现都是中节的，就是"天下之达道"：社会生活跟天道一致了。

"致中和，天地位焉，万物育焉。"如果人民生活达到了中和，那么天与地的关系就是正的，而万物也都有了生机。

这里面我们读到什么？读到了中国哲学所讨论的真理。中国哲学所讨论的，无一不是生命情感的合适问题以及它如何升华。中国无宗教，中国有哲学，而中国的哲学不同于其他民族的哲学，尤其不同于欧洲哲学。因为中国的哲学是升华人生情感的哲学，这一点请大家注意。所以中国哲学讲到底是人生哲学，这人生哲学不是给我们一些干巴巴的理性规则，而是诉诸我们的生命情感本身，把它的真相说出来，让我们去体现、去发挥生命情感的时候都中节，这就是中国哲学基本的目标。

那么人生哲学意味着什么？孔子说，"诗三百，一言以蔽之，曰思无邪"。诗就是《诗经》，《诗经》里面全是诗歌，全是表达人的生命情感的，都是喜怒哀乐。孔子赞扬它"思无邪"，无邪什么意思？诚。一个诚字，什么意思？性情之正。

让我们活在这个世界上，让我们站在大地上的，绝不是我们头脑的理性，而是生命情感。西方的哲学，把人类心灵当中的情感放得很低：第一等级是理性，第二等级是意志，第三等级才是情感，放得太低了。他们对人生、对这个世界的理解是逻各斯中心主义，中国哲学恰好是相反的，把生命情感提到根本的位置上来。我们想想，中国哲学这样做对不对？若我们的行为是合适的，若我们的行为在社会生活当中带来的不是破坏和灾难,而是带来和谐和幸福,是不是因为我们生命情感的运用是正的?所以孔子说"思无邪",无邪者,诚也;诚者,性情之正也。这是最根本的修养。

我们不要以为,可以用冷冰冰的理智思考来安排自己的生活,我们无时无刻不在情感之中。我们不是恰好拥有了一份欢乐,或者拥有了一份悲哀,而是当我欢乐的时候,我就是这份欢乐,当我悲哀的时候,我就是这份悲哀。而不是我有一个冷冰冰的与情感无关的"心灵的实体"此刻恰好处于悲哀的状态,然后我把这个状态排除掉,没这种事情的。生命情感之方方面面就构成我们的心。如果它正了,佛家叫本心。所以中国哲学是人生哲学,人生哲学之用力所在,是使我们的生命情感合适和升华。

所以,同学们去读中国的经典,儒家的也罢,道家的也罢,佛家的也罢,一定不要如读西方科学或者西方哲学那样去读,去梳理概念,讨论概念与概念之间的包含或者不包含关系,或者逻辑上的推演,这一切,都不是我们读中国哲学典籍的方法,若你这样读,就会误读了它。

中国的人生哲学,是我们每一个人的教科书,是人生的教科书,而不是理论的书,一定要懂这个道理。除非你准备到哲学系以后一辈子教中国哲学,那你要将其梳理一下,这些工作也有必要,但它和修养没关系。

比方说,如果你读了五十遍《金刚经》,却没有流过一次泪,心中也没有过法喜,你就肯定没懂。那种喜悦,在佛家的言说当中叫法喜,"法喜充满",你感受过吗?这种喜悦,无可名状,你一下子把生活的某一个方面看通了，而且这个通不是理智上的通，是生命感受上通了，你仿佛融入了宇宙，这是何等之感受？总而言之，无可名状，那是"如人饮水，冷暖自知"。

读儒家的经典也应当这样，读道家的也应当这样，否则你是不能真懂的。

读西方哲学可不这样，各位，读过黑格尔的《逻辑学》没有？他那是一个一个范畴推演的，每一步的推演，在逻辑上都没有漏洞，而我们读的时候也必须一环一环地跟上去，不能有任何脱节。

这就是西方哲学的著作，它是锻炼我们的头脑的，把我们的理性思考训练得十分彻底和周密，效果跟学数学差不多。

中国哲学的典籍，是滋养我们的心灵的，因为它涉及我们心灵本身的种种生命情感。你读得懂这一段，是因为你有过这一份生命感受；你读不懂那一段，是因为你的人生还没有那份感受。

中国哲学的著作，它的文字表达有一个重要的特征，就是充满了形象、比喻、例证、暗喻，有文学的价值。先哲的一句话，并不是他推理出来的，他是直接告诉你的，你需要慢慢去体会。中国古代的圣人把他直接所见的说出来，这叫直觉的真理。

中国哲学典籍给出的，全是这些东西。先哲直觉到的那些真理，我们可以拿来做我们的推理的前提。先哲之所说，即是他之所见，是心灵的悟道、伟大的哲思。所以中国哲学是一个伟大的宝库。

举个简单的例子，"反者道之动，弱者道之用"，这是老子讲的。这两句话，你可能老早就知道，懂了还是没懂？假如你问老子：为什么反者道之动？你推给我看看？老子说，我看到的就是反者道之动。

它不是任何推论的结果，它就是对这个世界的变化之法则的直接的领会。然后我们可以在这个前提下做推论，结果推出很多东西。

第一，我们明白了什么叫反者道之动，就是认识到世界上所有的事物都必然走向它自己的反面。正如冯友兰所说，这一点，让中华民族有了一种智慧，是其他民族无法跟我们比的。什么智慧？在最黑暗的时候，最艰难困苦的时候，中华民族对未来始终保持着它的信心。为什么？黑暗终会过去，因为它一定走向自己的反面，光明一定在前面。

同时，它又让我们这个民族在最辉煌的时候、最得意的时候，保持必要的警觉，为什么？事情正在走向反面。在这个前提下，你可以推出道家为人处世的两条通则。

第一条，如果你要得到一个事物，你就要从它的反面开始，因为反者道之动。你要强大，必须从弱开始；你要高，必须从低开始。所以，一个中国人如果懂得道家的思想境界，他开始做事时一定低调，极其低调，低调到让你觉得他不存在。

第二条，若你要比较长久地保持一个事物，就须让这个事物包含它的对立面。因为反者道之动，一个事物如果没有能力包容自己的对立面，它很快要结束。

各位想想看，是不是这个道理。比方说，资本主义要活得长久一点，就必须包含自己的对立面，即社会主义。一个不能包含社会主义的资本主义，很快会垮台，各位同意吧？比方说失业的人，也就是离开生产过程的人，经济学家不再看到他们的存在，经济学家是讨论资本运动的，在资本运动之外的人不是他讨论的对象。但这些人，他们真实地存在着，只不过在经济学家眼中不存在；这些人还得活，只不过不再用货币来获得自己的生活资料，因为失业了，没有货币。这时，社会应该怎么样？应该不用市场原则了。不用市场原则，他们就还活着；一用市场原则，他们就活不下去。所以，不要以为必须永远坚持市场原则，永远坚持资本逻辑。资本逻辑要生效，前提是和平的社会。和平的社会要求承认在生产过程之外的那些人必须活着。所以资本主义如果想要长久一点，就必须包含自己的对立面：社会主义。

各位的学业要成功，也必须包含对立面：困难。

一切顺利都要包含它的对立面——困难，你才能把事情做好。可以说这样两句话：困难是我们的恩人，敌人是我们的老师。做事情要有对立面，要有反对你的人，你才会把你的事情做得更好。

年青的一代学西方的科学较多，与中国的智慧疏离长久了，其实我们还得懂这些道理。我们希望一路顺风，我们希望没有挫折，我们希望没有人反对我们……你要知道，谁反对你，你应该高兴，你获得了提高自己的绝好机会，只要你做的事情是正当的。但是——

<u>谁保证你正当？儒家。</u>

道家不跟我们讲道德理想。道家教我们如何在这个世界上自由一点，自在一点。好和坏，它不讲；善与恶，它不讨论。所以

我们如果光有道家，是不行的，很可能形成一种奸猾的人生态度，是非不分。

我们怎么运用道家的思想？必须有儒家做根、做基础、做前提。儒家告诉我们要明明德，要亲民，要止于至善。

中国人未来的生活也将在这条路上。

谢谢大家。

中国哲学的人生境界

我们今天来讲这样一个话题：中国哲学的人生境界。

我们正处于当代这样一个经济全球化的时代，我们也一直在中西思想和中西文化的对话乃至冲突之中，今天的中国人仍然面对这样一个很根本的问题：我们民族下一步的发展，它的前景，它的道路，究竟跟中国传统文化、中国传统思想有什么关联？

还有一个与此相关联的问题，我们当下中国人的生活，其精神家园究竟在哪里？在当下这样一个时代中，这一问题显得非常重要，也非常紧迫。

哲学与我们这个民族的关系是什么？举目望去，在全世界各个民族中，只有一个民族是真正的哲学的民族，这就是中华民族。其他民族在其最高的精神层面上讲都是宗教的民族。

虽然我们这个民族也有宗教徒，但整个民族的文化精神不是宗教精神，这一点毫无疑问。那么我们这个民族向来靠什么来建构其精神家园呢？

我们靠的是哲学。哲学上的修养是中国向来的教育传统。我们在孩提时代，甚至还没有识字的时候，我们已经进入了最初的哲学修养之中。儿童听大人谈话、旁听成年人之间的交流，往往会听到来自《论语》的话，来自《孟子》的话，或来自《老子》的话，差不多可以说我们从小就耳濡目染地在某种哲学的思想里了。

后来就有了文人专为少年儿童编订哲学启蒙读物，例如大家都知道的《三字经》。《三字经》不是宗教的作品，其第一句话"人之初，性本善"，是一个哲学的命题。可见哲学的修养是中国人教育下一代一开始就要做的事，帮助下一代以哲学的方式来营造最初的精神家园，来获得做人的准则和人生的目标。

我们也都知道，《大学》《中庸》《论语》《孟子》。这四本书，其中的《大学》讲的是"大人之学"，也就是教一个人如何成为真正的人——君子。是大人，而不是小人。

中国的哲学就是人生哲学。在这一点上，中国哲学跟西方哲学有了区别。西方哲学不是不谈论人生，但是人生并不是西方哲学的主题。西方哲学的主题是知识的问题：人如何获得关于外部世界可靠的知识、确凿无疑的知识，这种可靠的、确凿无疑的知识，它的前提，它的方法，它的基础是什么？这向来是西方哲学的主题。

西方哲学产生了它的重要成果，就是今天我们都在学习的西方的自然科学。没有西方的哲学，就没有西方今天的自然科学。自然科学是从哲学中派生出来的。中国哲学并不很关注关于自然界的知识，中国哲学的主题是人生问题的解决。

无限心与有限物

人生为什么成了问题，而且是很根本的问题？是因为人最麻烦的、最难处理的，就是自己这个生命。生命外部的麻烦容易对付，我们可以运用我们的知识和经验，安排好我们的生存环境，让我们的生存环境更适于我们的生存，这是生命外部麻烦的解决。生命内部的麻烦很难对付。什么是生命内部的麻烦？就是如何安顿我们的心。

为什么会有一个心的安顿的问题？孔子说过这样的话：

<u>不仁者，不可以久处约，不可以长处乐。</u>

约，表示贫贱的生活处境；乐，表示富贵的生活处境。什么是不仁者？不是指坏人，是指心没有安顿好的人。何谓心没有安顿好？按照儒家的认识，就是心中没有仁之常体。心中无仁之常体的人，就被称为不仁者。

倘若以这个标准，大概可以这么讲：包括我王德峰在内的大多数人都属于不仁者。因为心中无仁之常体，所以贫贱难耐凄凉，富贵不能乐业，左也不安，右也不安。

生命内部的问题是安顿心灵的问题。心灵为什么要安顿呢？人之心跟动物之心不一样。动物的心，有些高级一点的动物有心脏，这是生物学的概念，用英语来说是 heart；也有意识状态或心智状态，这是心理学的概念，在英语中用一个词叫 mind。高级的动物也有心智状态，有意识状态，还有喜、怒、哀、乐。狗会欢乐，狗也会悲哀。黑猩猩还会露出哀伤的面容。在这个意义上，它们也有这样一个作为 mind 的心，它是心理学的对象，所以还有动物心理学，专门研究动物心理的。

但是人心不仅如此，人心还有超出生物层面、心理层面之上的一个层面。这个层面，英语当中就找不到词来表达。德语当中有一个词：Gemuet。它是指超生物、超心理层面之上的心。

心有这个方面，中国人非常早就明白了，在先秦的时候，通过孟子明白了这一点。孟子讲的心，不是生物学的对象，也不是心理学的对象。孟子讲的恻隐之心、羞恶之心、辞让之心、是非之心，被称为善之四端。这个心，既不是生物学所能研究的，也不是心理学所能研究的，它是哲学的题材。人心有无限的一面；heart（心脏）、mind（心智状态），是心的有限的一面。

有人说，你拿出证据来说明我们的心有无限的一面。证据在哪里？证据很清楚。

人的存在是时间性存在，我们活着的每一个当下都在筹划着未来。比方说我此刻正做讲座，我说出这句话来的同时，正在筹划下一句话，我们每一个当下，都是在对未来的筹划中度过的，当然，也携带着过去。所以时间其实是三维的，在它的每一个瞬间里边，有过去、现在和未来。那么未来是什么？未来还不是事实，未来是尚不存在的东西，我们却在筹划着这尚不存在的东西，这件事情本身证明了人心有无限的一面。

如果我们不能突破当下的现实，那么我们的心永远只是有限的，我们欲望的对象、我们认知的对象，无一不是有限的事。但是倘若我们要突破限制，我们要超越现实去设想一个尚不存在的东西，就是指向未来，这便证明了我们的心有无限的一面。

心有超越现实的一面，也就是说心提出理想。我不敢相信动物有理想，当然你不能这样问：你非动物，安知动物没有生命理想？这样我就无法回答。但是我们可以确凿无疑地回答的是，我们作为人，肯定有生命理想，这一点是确凿无疑的。好，那就同时证明，人心有无限的一面。

这个无限的一面如何安顿，使人生成了问题。什么是人生问题？这就是。

假定有某人经过好多年的努力，积攒了一大笔钱，终于买下了他梦寐以求的那幢豪华别墅。当他买下豪华别墅的那一天，他心里这样想：从今天起，我的幸福人生开始了。他这个想法能成立吗？肯定不能成立，因为这幢别墅将来一定是别人住的，他自己只是暂时地住一住，他现在不知道将来是谁住。我们都是人生匆匆的过客，我们的心的无限的一面是无法安顿在哪怕再豪华的别墅上的，因为它还是个有限的事物。

我们在人生的道路上行走，有时候失败，有时候成功，每一项具体的成功都不足以安顿我们心的无限的一面。假定我们达到了我们曾有过的所有的目标，结果会怎样呢？结果就是陷入空虚。

先出世再入世

于是，那个问题始终还在：心的无限的一面，如何在这世界上安顿？

其实结论已经清楚：它无法安顿在现实世界里。因为组成这个现实世界的所有事物，无一不是有限的事物。但是，我们生命内部的麻烦终要有一个解决的方法，因此解决的方法一定是超越现实世界。

中国先秦时候的先哲们从一开始就认识到，安顿我们心的无限的一面，只有先走一条路：出世，即超越现实。

西方人的心也是人心，同样面对这个问题，那么他们也得出世，他们走的出世的路是宗教。

基督教教欧洲人怎么出世？第一，我们的灵魂是有罪的，原罪，而且无限的卑微渺小，这个有罪的灵魂必须得到拯救。拯救灵魂的是谁？上帝。上帝就是超越现实的存在。欧洲的基督教安排了这样一条出世的道路：把每个人的人生看成上帝意志的体现。

比方说一男一女准备结婚。结婚是世俗的事情吗？不，必须把它神圣化，在教堂里举行婚礼。两个人结为夫妻，这不是光他们两个人的事情，他们结成夫妻这件事情是上帝的事业的一部分。你如果真参加过基督教的婚礼，你会体会到这一点。

中国人不是这样，因为没有上帝管这件事情。所以婚礼当事人的两个家族在一起热闹。这件事情是家族在做主。西方的婚礼是牧师或神父在做主，整个一套仪式走下来，这件事情终于做好了，这一对夫妻从此认识到：我们之间的夫妻之关系，婚姻之家庭是上帝事业的一部分，是上帝的计划的一种实现，崇高了，神圣了，这种认识就是出世的精神。

你如果是一个真正的基督徒，你天天在出世的精神中活在当下，你会把你的每一个行为看成上帝意志的体现：我正在把我的生活的内容作为奉献给上帝的礼物。西方的基督徒就是这样安顿了他们的心的无限的一面，这是用宗教的方式来安顿。

中国人则不用宗教的方式来安顿,而是用哲学。中国人在哲学中出世。了解这一点,非常根本。

我们不要把中国儒家的学说仅仅看成一种普遍的道德教导,把孔子仅仅看成给予我们道德教诲的老师,他教我们怎样做一个好人——不。儒家的学说是哲学,哲学一定首先提出出世的原则,即提出一条超越现实的路,然后再回到世界中来,那叫"入世"。

中国人后来有一句话说得很好,大家也许都听说过:

<u>以出世的精神做入世的事情。</u>

这句话,正是中国哲学的根本精神:先出世,后入世。

假如你从未出过,如何谈得上入呢?入的前提是出。假如你从未出过世,你就只是在世,就像你从娘胎里出来就一直在世一样,那么你的心就无从安顿。由于你出过世,再回来,你的心安顿了,心的无限的一面有了它的家园。如此的人生始终也在世中,但有了它的意义和它的精彩。

儒道佛的出世之路

儒道佛三家是中国哲学的主干。

先秦时期号称百家争鸣,有种种的论道的学派,墨家、法家、名家等等,后来大多都衰落了。儒家和道家始终没有衰落,虽然以儒家为道统，但道家没有被遗忘，后来形成儒道互补的精神格局。两汉之际传入中国的佛经，经过好几个世纪中国知识分子的努力，翻译、理解、消化、吸收，到了唐朝终于完成了一件伟大的事情——佛学中国化，于是中国之哲学又有了一个非常重要的方面即佛学。

儒道佛三家，构成中国哲学的主干。这三家都是哲学的，虽然人们常以为佛教是宗教。其实佛教严格意义上不是宗教，因为它是无神论的，佛教是没有神的，释迦牟尼是个普通的人。我们用汉字"佛"来翻译梵文的 Buddha，它的本意是觉者。佛教只是在它在民间流传的形式中显得是一种宗教，有礼拜的仪式，焚香拜佛，求菩萨保佑，等等，像宗教，但是佛教的精神不是宗教的。

儒道佛三家关于如何实现出世和入世的统一，侧重点不一样。我们要具体地来看，儒家教我们如何出世，道家教我们如何出世，佛家又教我们如何出世，以及这三家如何以出世的精神做入世的事情。

我们在世界中生活，便是人生。人生的内容是什么？做事情。不做事情的人生不能算人生，这是可以肯定的。

做事，在汉字中就是一个"为"字。怎样的为，才是出世和入世的统一呢？儒家有儒家的原则，道家有道家的原则，佛家也有佛家的原则。

先看儒家。儒家是如何说为的？

<u>无所为而为。</u>

何谓"无所为而为"？这句话针对的是另一句话，即"有所为而为"。

什么是有所为而为？也就是说我们做事情，通常总想达到一个有利于自己的结果，我们总把我们正在做的事情当成通向有利于自己的目标的手段。事情总是指向一个在它之外的目的，在这种情况下做事情，就称为"有所为而为"。

儒家反对如此做事。儒家说，我们为什么要做这件事情？不是因为它是达到一个功利目的的手段，而是这件事情本应当做。这件事情并不是手段，它自己就是自己的目的，它自己就是自己的价值，它自己就是自己的意义。不做，就错了。这便是无所为而为。

什么是无所为而为的做事境界？举例而言，假如你投资开一家商店，这在经济学上看是个投资的行为，有明确的利润目标。这无可非议。但是如果你开这家商店的同时，没忘了在你商店大堂的墙上书写着四个字"童叟无欺"，这就表达了商业行为的自身价值。你若投资开一家民营医院，也有利润目标，这没错的，无可非议。但是你没忘了在你的医院门诊大厅的墙上书写着四个字"生命至上"，这就表达了医疗事业的自身价值。假如你投资办一所民办学校，当然也会有利润目标，但是你没忘了在你的教学大楼的墙上书写着四个字"有教无类"，这就表达了教育自身的意义。

开商店，开医院，开民办学校，这些事情本身并不是通向资本利润的手段，它们本身就是目的和意义。

这就是儒家之精神。儒家告诉我们如何超出现实利害得失的关怀，来看这个人世间种种的事情，它们本来的不朽的价值是什么。这是儒家的出世而后入世，概括为一句话：无所为而为。

某事做了之后的结果对自己有利还是不利，是有利于自己还是伤害了自己，一点不应当在我们的考虑范围内。我们做这件事情，是因为这件事情本应当做。这样的人生将永不失败。

再来看道家。道家又如何说"为"呢？可用一句话来概括：

<u>无为而无不为。</u>

道家所说的无为，不是不做事，而是指不人为地做事。但事情不都是人在做吗，如何又不人为呢？

人为，这两个汉字合起来，又是一个汉字：伪。这一合，意义就出来了。伪就是造作。你做事情若在天道之外，人为的因素就来了，这就是伪，就是造作。

儒家和道家，都是中国哲学，是中国哲学，便有一个共同的出发点：天人合一。儒家也主张天人合一，道家也主张天人合一，但它们两者有差别，儒家的重点在人，道家的重点在天。道家认为，人类生活的幸福都来自天，人类生活的苦恼都来自人自己。

所以在天人关系当中，道家的原则一定是做减法，即尽可能地减少来自人自己的因素。

只有通过做减法，才能领会天道。天道并不写在天空上让我们看见。

举个简单的例子。我要吃饭，大家都要吃饭，因为我们都有胃。肚子饿就得吃饭，因为天道让我们有胃，所以吃饭是符合天道的。但是若非要吃到法国大餐不可，否则不能算吃饭，这立刻就是人为，就是伪了。所以按道家的原则，吃饭恐怕是八个字：已饥方食，未饱先止。

道家在战国时候有一个人物叫列子，我们大概听说过这个人，很潇洒是吧？御风而行。列子讲过一句话，我们看看有没有道理：

生非贵之所能存，身非爱之所能厚。

生命，并不会因为我们百般地贵重它，它就能存在；身体，并不会因为我们百般地呵护它，它就能厚起来。

拿这一点来看我们当下，我们离开道家的境界多么遥远。今天的市场上充斥了那么多保健品，全是贵之、爱之。我们因此就真存真厚了吗？无为，就是清洗掉一切造作，这样，我们做的事情自然符合天道。

道家讲人生，原则就是如此。

再来看佛家。佛家是如何讲人生在世的"为"的呢？亦可用一句话概括：

无心而为。

人生在世，就是做事。但是做事的境界应是什么？佛家说无心而为。何谓无心而为？我们为什么要做这样的事情或者那样的事情？因为我们没办法。什么叫没办法？比方说我这辈子做人跟你这辈子做人，做事情的内容不一样，你经营一个企业，我在学校里教书，所做的事情不一样，好像是我们自己选择的，其实不是的，是我们来到这世界上时携带的业力规定的。

佛家告诉我们，我们这一次来到世界上并不是第一次，也未必是最后一次，我们来过多次了，我们前世、再前世，都来到过这个世界，我们在前世或者再前世所做的种种事情，并不是做完以后就什么也没有了，它造了业，形成一种力量，即业力。业力要流转，所以我们来到这世界上并不是空无一物地来，我们都带着东西来，这东西叫业力。这东西不是父母给我们的，也不是我们出生之后的社会环境给我们的，是我们自己从前世带来的。

佛家认为，我们人生在世做事情，做这样的事而不是做那样的事，能做那样的事而做不了这样的事，都是因各自有自己的业要消。做事情就是消业。如果认识到这一点，我们做事情就没有别的目的，只是为了消业。由于这个缘故，

<u>我们做事情不求结果，最好它没结果。</u>

为什么？有了结果，可能会旧业未消，新业又来，因此没结果是最好的。但是任何事情总有结果，怎么办？我们要让这个结果与自己无关。在什么情况下事情的结果与我们自己无关呢？那就是我们在做事时，心从未牵挂到结果上去，这样的话，事情的结果就不是我们所造的业了。所以心别到结果上去，这就是无心而为。

这就是佛家，听上去很消极是吧？其实是很积极的。假如你做事总求一个有利于你的结果，你的心就上去了。上去以后，按照佛家的说法，就是在造新的业。

做事情就去做吧，不要怨天尤人，这是你本应当消的业。

做事情求它没结果，你想想，你愿意吗？这是多么超然的态度。什么叫佛家出世的精神？这就是。以出世的精神做入世的事情，禅宗有这样一句话：

除心不除事。

事情你不能拒绝的，不能除了它；但是心要除的，心别上去。

我们这个时代是节奏很快的时代，我们每天忙得不得了，也每每感到遗憾，一年忙到头，过年吃年夜饭了，想想今年忙得很，再一想，究竟忙了些什么事呢？又发现什么事都没有，虚度了一年。两种感觉同时在心里出来：真是忙得一塌糊涂，但是忙了一年又不知道在忙什么。

佛家教我们除心不除事，心别上去。身体可以忙，心不要忙，那叫身忙心不忙。现在许多情况是倒过来的：他倒没多少事情要做，身不忙，心忙。比如说今天的白领，他总是忙得不得了，加班加点，烦啊……心不上去，你就心不忙。反正想好了，今天是消业去的，朝九晚五，消好了回来。

人生在世许多事情非做不可。佛家说是消业，所以要做事。道家说，我们做事的时候要尽量去除主观的、自我的因素。儒家说，这件事情本应当做，因为我们不是单个地活在这个世界上，我们总和他人处在一定的关系中，我们单个人的生活理想的实现脱离不了与他人的关系，于是，己欲立而立人，己欲达而达人。这个事情，只要是立人的和达人的事情，我也就在其中立了达了，好好地做好它，它不是手段，它自己就是目的，这是儒家。

儒道佛三家合起来，中国哲学解决了一个基本的问题：如何实现出世与入世的统一，或者用我们今天最普通的话来说：如何实现浪漫主义与现实主义的统一。

如何出世

人生先要有超越现实的精神，而后回来做现实生活中的事，这是一个基本的认识。刚才只是一般地给出了儒道佛三家各自关于做事的原则，现在我们看第一步：出世，如何出？

我举一段话，来自《大藏经》第四十五卷，里面有一篇文字题为《宝藏论》。

"譬如有人，于金器藏中。常观于金体，不睹众相。虽睹众相，亦是一金。既不为相所惑，即离分别。常观金体，无有虚谬。喻彼真人，亦复如是。"

说有一个仓库，里面堆满了各种各样的金器，有金碗、金筷子、金项链、金戒指、金条等等，堆了一整个仓库。有一个人进去了，他看到了什么？

换成是我们进去，看到的是种种的相：这是戒指，这是碗，那是筷子……那个人不一样，他看到的是金子本身，即金体。种种金器的差别，即相。他不看相，即不睹众相。当然他也看到了差别，但在他眼里都是金子，他不会被相所迷惑，这种人可称其为真人。

这一段说明什么？若你背着个 LV 包向我走来，我一眼望过去，噢，世界顶级的品牌包，然后我再看我自己的这个包，它简直不是包——其实它还是包。我们人生在世，为什么难以超越现实呢？是什么阻挡阻断超越的路？我们被相的分别所影响了。

相的分别是如此的真实：你做到部长了，我还是个小小的科员，差别真蛮大的。很真实，也很客观，但我们就停留在这种客观的差别上了。

这个客观的差别，我们普通人都知道是真的。但真人呢？他不睹众相，常观金体。差别在此。我们要走一条超越现实的路，叫出世，这第一步，就是：

<u>把这种差别扬弃掉。</u>

差别，确实是我们感官看到的。我们看到项链不同于戒指，但是我们还有另外一种观的能力，观的是金本身。金本身，怎么看到的？金本身不是眼睛看到的。金体被你观到，是你的心在观。你的眼睛所能观的是器，心能领会到体。

真人，他能够从现实事物的千差万别当中，看到本真的东西，就好像从种种的金器当中看到金子本身一样。

但是哪有离开金器的金体呢？金器之外别无金子，对不对？金子要么是金条，要么是金碗，要么是金戒指，单独拿出金子来，拿得出来吗？拿不出来，它不能离开器。这件事情说明一个道理，观到金体的是我们的心，而眼所观到的又不是假的，那叫器。体如果离开器，也没办法存在。

这里边有几层意思,有点哲学思辨在里边。第一,体是心所观到。第二,体不能离开器。第三,心能够观到体,所以被观到的体,和心是同一个东西。惠能是对的,惠能说:"佛法在世间,不离世间觉,离世觅菩提,恰如求兔角。"

佛法,佛学的真理,并不脱离人世间,就像金子不脱离金器。你要觉悟,不能脱离现实生活,但现实生活种种相的差别又让你不能觉悟,所以,下面的事情是我们自己的事情:以心观体。这样,心和体就统一为真理了。人都有佛性,佛性本身就在现实世界中,就像金子在金器中一样,全看我们的心能不能发现它,而发现它的这个心,就不是普通的心,不是跟着相走的那个心,它是主体的心,叫本心自悟。

于是,我们的推论就走了一条很有意思的道路:在金器中发现金子,金子又不能脱离金器,金子又只能是我们的心所体会到的,那么,金子不就是我们的心吗?金体,就是我们观到金子的那个心,是同一个东西。这样,我们大概就能明白这样一句话了:即心即佛。

生活的真谛也就是我们的本心。真谛不离俗谛,它就在日常生活中。从种种的相、种种的器的区分中,我们能够在俗谛中看到真谛,这一条道路,就是出世的道路。我们本有此心,我们本能出世,所以此心的用法是关键。

这个心本来在那里的,在孩子的心里,叫童心。

童心观事物,跟我们成年人观事物是不一样的。成年人关注事物与事物之间相的区别,童心可以在一个微小的事物当中看到美,他也许甚至发现苍蝇的翅膀也是漂亮的。成年人厌恶苍蝇,因为它是传播细菌的脏昆虫,这也是分别心起来的缘故。

儒家承认童心,佛家说我们本有佛性。我们成长的过程是什么?是我们的心向外走,向外驰求,脱离心之本体,脱离它就是我们成长的过程。我们越走越远,驰求外物,被外物的差别所牵引、牵扯,越扯越远。

本来的童心,开始关注外部的差别了,"成人不自在,自在不成人",开始懂得趋利避害了。趋利避害当然要区分事物,区分事物那叫相的区分,你执着于这一点,你就开始脱离心体,脱离之后不等于原来的心体没有了,还在的,于是这两者之间就有一个所谓 tension(张力),它强大到一定程度,就让我们产生巨大的苦恼。真正的苦恼不是外部给你的,是你自己给的。

问题于是就变成禅宗的任务:如何修心?如何结束这两者之间的张力?如何回归我们本有的佛性,或如儒家讲的明德?

《四书》的第一篇是《大学》。《大学》第一句话:大学之道在明明德,在亲民,在止于至善。这叫三纲领。第一条纲领就是明明德,前一个明是动词,后一个明跟德连在一起,明德,是我们本有的、跟天道天理一致的心。

本有的明德,它虚灵不昧,在儿童状态的时候是最真实的,后来被遮蔽了。被遮蔽是因为我们生活的环境、生活的内容开始增多,增多了许多我们的欲望的追求,那叫私欲之遮蔽。所以《三字经》第一句,"人之初,性本善",跟着有第二句,"性相近,习相远",人与人的差别来了。

习,就是后天生活的内容导致了私欲之弊和气质之性对明德的遮蔽。那么,什么叫人生的修养?儒家讲得很清楚,就是明明德，即，再让本来的明德呈现出来。

这个功夫，禅宗以佛学的语言专门讲，所以禅宗后来就启发了宋朝和明朝的新儒家，如何走一条我们明明德的道路，禅宗有它的方式。

出世之路，就是要相信自己本有明德，相信自己那个能观到全体的心。我们看世界有另一种看法，不是用耳目来观，用心来观，此心所观到的，就是世界的真谛。

不知命，无以为君子

下一个问题：你要出世，前提是什么？那就是，要有一个非常基本的认识，即天命。

儒家的天命观、道家的天命观是一致的，那就是人生在世，人与人之间的富贵穷通的差别，

其实是命。

这件事情先要搞清楚。这件事情不搞清楚，你的修心就会与生活脱节，你明明德的事情不可能去做，因为你觉得此生有诸多追求，要趋利避害，有一个名、一个利在前方等着你。所以孔子那句话来了："不知命，无以为君子。"孔子有个弟子叫子夏，子夏说："死生有命，富贵在天。"孔子是同意的，这是儒家的命运观。

道家也一样。道家特别相信天道对人生的规定，所以会谈到

"天下有大戒二"，每一个人有两个大戒，戒什么呢？第一，你出生于这个民族之中，这个民族给你的义务，你是无法躲藏的，比方说你到哪里都是中国人。第二，人生在世，富贵穷通是命，你也无从逃脱。安之若素，安之若命，才是合适的态度。

儒家和道家都相信有命，那么，我们相信不相信？我们今天的中国人恐怕一部分相信，一部分不相信。年轻人大多不愿意相信。现在坊间有许多励志的书，抬出了那些成功的商界精英们的事迹，总结了他们的成功来自他们的非凡的努力、坚韧不拔的意志，在这样的主题下怎么可以给年轻人讲天命观呢？但是，

<u>一个人到了四十岁还不相信命，此人悟性太差。</u>

我完全同意儒家的人生观当中一条必要的前提：富贵穷通不归我们管，它是命中的事。至于命的来历，不同的学派有不同的说法。

佛家的说法很清楚：命是前世、再前世规定出来的。所以这辈子的富贵，是前辈子带来的福报。那么儒家和道家的学说呢，它们认为一个人的命来自这个人出生时所禀受的天地之气。后来产生出一门中国式的科学，它跟中医并列在一起，叫命理学，就是中国古代算命术。我把它称为中国的科学之一。

大家一听：这叫科学吗？算命、命理学不就是唯心主义吗？

各位，它是彻头彻尾唯物主义，命理学真是唯物主义。

若你相信你的意志是能决定你的命运的，你相信意志的努力，那才属于唯心主义，即意志决定论。

儒家和道家的学说会产生命理学，那么命理学把我们的命说成是什么呢？它的来历是什么？不归我们管的富贵穷通是怎么决定的？

汉代思想家王充写过一本书叫《论衡》，一开始就把这件事讲得非常清楚：我们无论贫贱还是富贵，都不因我们后天的操守而变化——道德好的人就富贵，道德不好的人就贫贱？你看到的经常是倒过来的情况，是吧？——富贵穷通，不由我们后天的操守来决定，决定它的是我们的初禀之气。

初禀，就是我们出生的那一刻，禀受了天地阴阳五行之气。阴阳五行之气是始终在流转的。某年某月某日某时，金木水火土是这样一个配比，你就在这个时辰出生了，这叫初禀。禀受天地之气的情况可以记载在时间里。

中国人的时间是怎么记载的？天干地支，十个天干、十二个地支。别以为它等于ABCDEFG。甲乙丙丁戊己庚辛壬癸，十个天干，分属五行。甲乙属木，丙丁属火，戊己属土，庚辛属金，壬癸属水。十二个地支里，也藏着金木水火土。合起来叫天干地支，一共八个字，你的初禀之气就在里边了。

你出生的那一年，比如说今年是甲午，假如你今年出生，甲木午火，不用问，八字当中第一不缺木，第二不缺火，这是可以判断清楚的，这叫年干年支。那么月呢，又是天干地支，叫月干月支。那么每一天，叫日干日支。每一个时辰，又有时干时支。加起来一共八个字。

我们看这八个字，是在看什么？从儒家和道家的哲学里面产生出来的中国式的科学，命理学，就是让我们阅读这八个字——

读一个金木水火土的配比，读它的比例与配合的关系。

我一直把八字比喻为上天给我们每个人开的一个药方。

我们知道，中医的药方其实是一个组合。上天给我们每一个出生在那一时刻的人，也开了一个药方，这跟中医一样。所以，正宗的中医，一定会看八字，这两门学问是通的，通到什么程度？一个很认真的有水平的中医，为你诊治一种很难医的病时，他会跟你讲，你也把你的出生年月日时告诉我吧。因为医生医得了病，医不了命。

你不能反对中医是一门中国式的科学，你同样也不能反对命理学是中国式的科学，它们都建立在中国的儒家道家的宇宙论的基础上。

人生若干个大事，无一不是命。各位认为，我在宣扬一种消极的人生观？不是的，这是真正积极的人生观。假如你以为，你的富贵穷通乃至子孙后代的富贵全是努力出来的结果，我们不光安排好自己的富贵，还要为下一代的富贵做好准备？你肯定错了。儿孙有儿孙的命，你也有你的命，命是不一样的。

我们父母和孩子之间的那种亲情，是儒家特别强调的。那么强调得过分了以后，我们这辈子就活得很累很苦。可怜天下父母心，因为儒家的精神，最可怜的是中国父母对吧？于是佛家来帮我们减轻一点负担，佛家告诉我们，孩子跟我们的关系，其实就是他借胎而来，下辈子不再相遇，你也解放了。

所以我们对自己的孩子，一方面仍然要有儒家精神，但另一方面，对他的结果不再很难过或者很得意，都不必。你得意了，那叫贪天功为己有，不是你努力的成果。你应当努力的根本的事情，是教他怎么做人，帮助他形成人生的信念和心灵的力量，让他们在任何的人生处境中都能活出生命的意义来，这才是正确的。所以孔子说："不知命，无以为君子。"你知命了，你才知道富贵穷通不归我们管，我们不要把这短暂的人生交付给两件事情，一个叫名，一个叫利。奔忙了一辈子，奔到快走了的时候你才后悔，那来不及。

在富贵穷通这件事情上，我们如果去奋斗，那叫谋虚逐妄，你该有怎样的东西，就是怎样的东西。有了这个认识作前提，我们才知道做君子是什么意思。君子可以面对不同的生活处境而仍然活得有意义。

孟子说，大丈夫有三个不能：贫贱不能移，威武不能屈，富贵不能淫。这才是积极的人生观。假如我们这一辈子是为富贵而奔忙的，那是消极的人生。

吾心即是宇宙

中国哲学的主题，就是人如何安排好自己这个最难安排的生命。围绕这个主题展开了两千多年的历史，到了宋明新儒学的阶段，终于达到了它的最高境界，其成果就是王阳明心学。儒道佛三家的人生境界，在宋明新儒学阶段合流了。

于是，南宋的陆象山（陆九渊）说出这样一句话来：

宇宙便是吾心，吾心即是宇宙。

在西方哲学中形成的宇宙观是物质的宇宙观，在中国人生哲学中形成的宇宙观是道德的宇宙观、人心的宇宙观。那么真理在哪一边呢？我们今天学了那么多西方自然科学，中国儒家讲的"宇宙便是吾心，吾心即是宇宙"因此就是荒谬的话吗？

宇宙趋向于生命，生命趋向于情感，情感的最高状态是人心。

我们看王阳明先生怎么说。王阳明说，人与人之间会分离开来，人与物之间也有分离，这种分离叫形骸之间隔。我跟你之间固然是两个不同的身体，但是，倘若一个小孩掉到井里，你看到了，会怎么样？怵惕恻隐之心油然而生。怵惕是惊恐，恻隐是感同身受，你情不自禁地先要去救他，这就是仁心的发动，叫初念。最初的念头是真理。

虽然你跟小孩之间有形骸之间隔，但你的仁心突破了间隔，这叫仁心感通，于是你要去救他。

小孩毕竟是同类，也是人。那么鸟兽的哀鸣，我们听到了会怎么样？会起不忍之心。无端地残害动物，为中国思想所不许。鸟兽当然是动物了，跟我们有接近的地方，那么植物呢？花草无端地被践踏，我们也会生悯恤之心。花草算是有生命的，那么无生命的瓦石呢？瓦石无端地被毁坏，我们也会生顾惜之心。

因此宇宙是一个总体，从无机物到有机物，就是宇宙趋向于生命。那么天道在哪里？在人的生命情感中。用佛家的话说，最高的有情物是人。为什么？人有心。这个心跟天道一致。中国哲学是这样理解宇宙的。

西方思想理解的宇宙是物质的，物质的宇宙，是有待人类用概念和技术去处理的对象。我认为，西方人对宇宙的认识在它的根本点上是错的，虽然这个错产生了一系列科技的成果。但人跟宇宙是一体的，人与天地万物为一体，这个一体是怎么来的？仁心感通万物，所以是"一体之仁"。

中国的思想如果将来可以发扬光大，它一定启发今天已经陷入虚无主义的西方文明。重新看待人在宇宙中的位置，事关人类未来的命运。我想这应该是二十一世纪的主题。如果说十九世纪开始的是科学的世纪、资本的世纪，那么二十一世纪的主题是哲学的和宗教的。在哲学方面，一定是中国哲学。西方哲学只能走那一条开启科学的道路，西方哲学终结在它今天的科学里了。

谢谢。

哲学与大学精神

复旦大学今年入校的新生，相当多的人已经选修了哲学类的核心课程。新生们跟我交流，希望我做一个讲座，谈谈哲学的学习对于大学的学习生涯究竟有怎样的意义，以及我们应当怎样学习哲学。这个话题非常好。

复旦大学在通识教育的改革道路上还在不断探索。我们知道，有六大模块的核心课程，其中一个模块就是哲学，占了六分之一。有人就提出问题：第一，通识教育为什么以人文的为主；第二，在人文类中，为什么光一个哲学就占据了一个模块，根据何在？

刚刚过去的三十年当中，有一个阶段，大学的文史哲老三系逐渐地被边缘化，其中处境最糟糕的是哲学系，有人甚至提出，在本科阶段停止哲学专业的招生，哲学系应该取消，改成哲学研究所。但我认为，复旦大学不能没有哲学专业，如果没有哲学专业，还算复旦大学吗？

对此，黑格尔在柏林大学的开讲辞中讲得很分明，他说柏林大学是德国的精神中心，而这精神中心当中的中心是哲学系，我们应当给哲学系以崇高的地位，因为它是追求真理的地方，是一个圣所。

我是搞哲学的，很有一点嫌疑，所谓"王婆卖瓜自卖自夸"。其实哲学是不需要去兜售的，它是姜太公钓鱼——愿者上钩。我们复旦大学上钩的愿者多不多？多，但最后还是不上钩。我们看到了这样的现象，就是复旦大学的学生非常聪明，都喜欢哲学的课，但是在转专业的时候坚决不选哲学。换句话说，大家都跟哲学谈恋爱，但坚决不跟哲学结婚。我说蛮好，因为大家都跟哲学结婚，哲学它累不累？

人人都应该有哲学的修养，但不是人人都应当成为哲学家，如果大家都仰望星空，就没有人去挖井了。实干家是需要的，空谈家也是需要的。人人都成为空谈家不行，人人都是实干家而没有空谈家，这个民族也不行。有句话说"与其坐而论道，不如起而行之"，这是我们民族的实践的精神。但是，我们经常不得不坐而论道。

在二十世纪八十年代中叶的时候，我因为眷恋着复旦，眷恋着哲学，又从出版社回到复旦读哲学研究生。我一个本科同班同学邀请我到深圳去，因为他本科毕业之后下海在深圳开了一家公司，开得非常成功，他非常高兴，希望我去参观一下，看看他的成果，我也非常高兴。

当时的深圳是举国瞩目的经济特区，我们这辈人都知道的，在座的可能要回忆的，对大家来说这是一段历史。改革开放起步不久，八十年代中叶，深圳建国贸大厦的速度是每天上升一层楼，这在当时被誉为"深圳速度"。有一个口号是深圳人提出来的：时间就是金钱，效率就是生命。

我来到了深圳街头，看到一个很大的标语牌，上书两行字：

空谈误国，实干兴邦。我心里一惊，觉得是针对我的。因为我正是在哲学的课堂里和书斋里研究空谈的学问的人，空谈也许要误国。所以从深圳回来之后，我就非常认真地思考这个问题。在全体中国人民已经把工作的重心转移到经济建设上来的时候，我还有什么理由待在书斋里面研究空谈的学问呢，是人民养活了我是吧？我是不是也应该下海？结果是，人各有命，我的命就是我的性格，我终于一直没有离开哲学的书斋，到今天差不多三十年。我的感受是，今天这个民族想要论道了。

哲学是一门最古老的学问，长久以来在中国是最孤独的学问，但是我这个孤独的哲学的研究者，最近几年经常被从书斋里面召唤出来，召唤到哪里去呢？去给那些企业家、政府官员讲讲哲学，他们还很爱听。我觉得是件好事情。

改革开放三十年，有一句话支配了三十年：发展是硬道理。

不过，关于发展本身的道理，是要通过论道展开的。科学发展观实际上要有哲学发展观做基础。

一个民族，仅仅在两种场所里建立起它的精神中心。一个场所是宗教的圣殿：基督教的殿堂，佛教的庙宇，这是一个民族的精神中心。另一个场所就是大学。

人类社会经历了一个现代化进程。资本在欧洲一诞生，现代化过程就展开了。随着人类社会的现代化的展开，前面一种场所即宗教的圣殿，它所营造的精神世界逐渐地下放到私人生活的领域，成为私人的事情，它和国家的意识形态开始分离。于是，后一种场所就显得愈益重要。后一种场所，成了一个民族的公共意识和公共精神的塑造者，这就是大学。

但是事情又发生变化了，随着现代化进程越来越全面地展开，所谓"现代性状况"也就随之形成。在今天我们所处的现代性状况当中，后一种场所即大学，也正在逐渐地从精神世界退出来，逐渐地演变成公共知识和实用技术的积累者和传递者。

所以，今天，我们这个话题就非常有意思。在这种现代性状况中的大学，有一个必然的趋势，就是哲学在大学生活中越来越边缘化。

我们向西方人借用了西方的词语即 PhD（博士）。无论你是什么专业的博士，都叫 Doctor of philosophy（哲学博士），简称 PhD，这是一种对传统的尊重。

中国虽然没有西方意义上的哲学博士的概念，但中国人的学问传统向来是哲学。考科举的时候写的文章，大多就是哲学论文，所以哲学的传统在中国向来也是我们民族的传统。

今天大学的现代性状况，让哲学从它的精神中心的核心地位边缘化。随着它的边缘化，一个大学还能不能保持作为一个民族的精神中心的地位呢？很难保持。具有哲学性质的问题，是每一个在大学中求学的学生都回避不了的。今天在座有许多刚刚入校的新生，你们一定回避不了哲学问题。你们必得要问自己：作为今天跨入复旦大学校门的大学生，我们究竟是谁？我们是不是未来职场上的竞争者？我们是不是未来某种职业行当中的优秀人才？正在大学中的我们，是一群奔向上述目标的匆匆过客吗？我们来到大学逛一圈，是为了奔向未来的职场，奔向未来某种职业的成功吗？假如是这样的话，大学生涯对于在座的每一个人来说，究竟意味着什么？这个问题，我想应当提出来。

我们在今天中国的各个大学，都普遍看到了大学功利主义。其严重的程度，实际上大家心里都明白，但是大家觉得没办法。今天，大学教学逐渐变成在就业指挥棒指挥之下的大学教学，就业指挥棒，仿佛无可怀疑地就是大学教育的最高主宰。

各位已经受到过高考指挥棒的指挥了是吧？来到大学，接下去接受就业指挥棒的指挥。在大学二年级和三年级的时候就开始为未来的职业焦虑，大学第四年很多时间不在校园里度过，而是在实习的形式下寻找工作——这当然也是无可非议的事情，实习是大学教学的一个重要环节。但是，我们把大学的学习生涯指向一个非常具体的就业，一个谋得更好的职业这样一种目标，我觉得是莫大的遗憾。

所以我想，我们人生几十年，可以拥有多少个安静的四年，远离着整个社会的功利体系、利害得失的体系，可以不带任何功利心地去追求一种真理，去探讨一种学问，去获得精神上的重大经验？这多么宝贵！

大学的三位一体

我们现在来问这样一个问题：什么是大学？刚才只是大概地说是一个民族的精神中心。

现在，具体来讲，应该有三点。

第一，它是学术共同体；

<u>第二，它是知识分子的圣所；</u>
<u>第三，它是民族精神家园的守望者。</u>

这是三位一体，缺一不可。大学的存在，便是这种三位一体的存在。上帝有三个位格：圣父、圣子、圣灵。大学也有三个位格：学术共同体、知识分子、民族精神家园。

我们就这样来想什么是大学。根据这三个基本规定，各位来到了大学，比如说复旦大学，是来到了什么地方？是一件怎样的事情？是加入了学术共同体，是在其中养成知识分子的品质，是守护和传承民族的思想和智慧。

请大家注意，在我的表述当中，唯独没提到知识和技能的获得。

各位来到大学，比如说复旦大学，当然会学到未来职业所需要的一些知识和技能，但是：

<u>知识和技能的获得，只是大学学习的手段，而不是大学学习的目的。</u>

这个说法听上去很奇怪，但实在是千真万确。

我们通常认为自己首先是具有专业属性的学生，我是计算机专业的，或生物学专业的或金融学专业的，所以我一定要在这个专业里面获得未来职业的知识和技能，这就是我来复旦读书的目的。不，它是一定存在的内容，但它是手段，绝非目的，除非我们真的愿意取消"大学"这个名词，从此不称"university"，而代之以"高等职业培训所"这个名称。

如果我们认为，获得未来职业所需要的知识和技能真是我们的学习目的本身，大学还有必要存在吗？"在大学里的学习是未来职业在智力上的预演"，若这样理解大学学习，在根本上错了。你在大学中一定有专业，你一定学习某一个专业的知识和技能，但这是一种载体，一种手段，让你进入学术的精神，让你打开思想的视域，这才是目的，否则你不能说你接受过高等教育。

我们这样一个伟大的民族，绝不愿意取消 university 这个概念。

大学这个概念我们很早就有了，当然，和西方传到中国的大学教育机构不是同一个意思，但是我们向来讲学问的修养和对正义的追求，这是我们民族的传统，所以我们绝不会愿意取消大学这个词，而代之以职业培训所。我们为什么不愿意？因为我们这个民族是绝对不会放弃我们作为精神存在的那个生命的。

我们来到大学，学某一个专业，首先要进入的是这一门科学的精神，而不是仅仅获取可以派用场的知识。

由于当代文明的现代性状况，我们对待知识的态度也发生了重要转变。我们把知识看成可以兑现的某种价值，仿佛是一种货币，各位到大学里来，老师给你们知识这样一个货币，你们装到口袋里，以便离开大学以后到社会上兑现其价值。这样的知识之学习绝不是大学的学习，也不是大学的教学活动，不是大学教育的概念。

但是现在功利主义很难避免，甚至愈演愈烈。我们有许多制度的安排来自西方，我们好像不得不学。比如说学分制，学分制来了就有绩点，绩点就意味着对你的学习成绩的评判，成了你的能力的标志，它是个量化的指标。我们中国大学不得不如此，因为我们有些学生将来还要到国外去留学，西方的大学首先看你的绩点。没有学分制，绩点哪里来？这是一个好像无法避免的事情。但是学分制就开始导致大学教学的异化。

看到各位，有一件事情我非常同情大家，就是你们比我当初读本科的时候不知忙多少倍。你们一个学期修多少门课？大概要十门吧。我们当时一个学期就修三四门课，一个礼拜当中有好几个半天是没事情的，让你到球场上去，让你睡在寝室的被窝里。

你们没有那种闲暇，怎么能思考哲学问题？你从这个课堂赶到那个课堂，叫赶场子是吧？赶过来赶过去干吗？记笔记。记笔记干吗？为了考试，还给老师。

通识教育推行最大的障碍，我坦率地告诉大家，就是学分制。因为通识教育核心课程有一些追求，比如希望大家读原典是吧？读原典要读多少页，有个阅读量，阅读量达到以后要写读书报告，然后进行seminar（研讨课）。seminar本来是研究生阶段的讨论班，现在我们在本科阶段，在核心课程当中展开讨论班，讨论的前提是什么？阅读。阅读之后思考，这都需要你有时间是吧？你没时间留给大家，核心课程最后就流于形式。所以我一直想，这个事情怎么办？

大学的现代性状况是很强大的力量，它是一种无形的力量，它是一种量化地评价教和学的系统，这种系统让教也异化，学也异化，我们在其中痛苦地挣扎，一点办法也没有。

在今天的时代条件下，我们要反对大学的功利主义是非常困难的事情，所以我们不得不谈什么是大学。我们说，大学是三位一体的地方，是学术共同体，是知识分子的圣所，是民族精神家园的守望，这三条每一条都非常重要。从关于什么是大学的三个基本规定出发，我们来看下面一个问题：什么是大学之精神？

大学之精神的三个维度

相应的也有三点。

<u>第一，追求真理，发展学问。</u>

各位来到大学，应当为自己感到庆幸，这真是很难得的机会。中国的人口多大？其中有多少人有机会到大学来追求真理？大家说，我们是来完成学分的。当然有时候完成学分的同时也追求了真理，这倒有可能并行不悖，但是我们如果在完成学分中遗忘了对真理的追求，这个学分就毫无价值，对不对？

所以第一点，追求真理，这是不容易的。在中国若干所最重要的大学里集中了我们这个民族能思维的头脑、能感悟的心灵，你们进入这样的学校，将来就可能成为整个民族最善于深思的一批人，这多么宝贵。所以我们说，大学之精神的第一方面就是追求真理，发展学问。

那么怎么追求真理，怎么发展学问？

<u>通过对话和争论。</u>

没有对话，没有争辩，就没有真理的事业。所以复旦大学以前有一个骄傲，我也引为自豪的，就是复旦大学的辩论队。第一届华人世界的辩论大赛，复旦大学的辩论队就夺冠而归。为什么复旦的人这么能言善辩？因为平时就辩，这是复旦的传统，在什么时候什么地方都辩。

这个好的传统，现在是否能维持住，我不知道，至少我是坚持这个传统的。在我课堂上听我课的学生，随时可以打断我，随时可以跟我争辩。因为这是复旦的课堂，你站在讲台上要诚惶诚恐，要如履薄冰，你没有一套现成的真理来颁布给大家。假如你每一次上课都在向学生颁布所谓确凿无疑的真理：真理在这儿，你们瞧，向它跪拜吧！这就不是复旦的教学了，因为你不是让大家开始思想，而是让大家停止思想，这样就不是一个合格的复旦教师。

真理的事业在其观念上的展开，就是通过对话和争辩的，这是它的基本方式。中国人有一个向来的传统，叫讲学，讲论学问。中国历史上的大学叫书院。

书院是这样一个地方：有一个大学问家先说了一通话，人们从四面八方赶来听他说，说完了以后就要开始跟他讨论了。

比如说，我们中国宋明儒学有两大派别的争论，陆王心学和程朱理学，他们就在书院这个地方争论。

中国的大学要继承这个传统。蔡元培所领导的北京大学就继承这个传统。当蔡元培是校长的时候，北大的门是向社会打开的，那些大学者，像梁漱溟，像冯友兰等等，在讲学的时候，引车卖浆的人都来聆听他们的见识，聆听他们对中国当下问题的看法。

复旦向来也是这样。复旦在二十世纪八十年代的时候，中国正经历思想解放运动，复旦大学的讲座很多，海报都贴在校门口，边上那些开小店的小业主都来看海报，若有他们感兴趣的，他们的小店就会提前打烊。什么是大学之精神？第一个方面就是追求真理，发展学问。

第二，诊断时代，引领社会。

这第二个方面，正对应着我刚才讲的对大学的第二个规定：知识分子的圣所。

什么是知识分子？今天中国的知识分子越来越少，以后有可能断掉，都变成 specialist（专家学者）。specialist 绝不是 intellectual，这是两个概念。你是某个领域的专家，不等于你是知识分子。知识分子是牛虻，这是苏格拉底说的，他要对整个社会进行怀疑和批判。那么，怀疑和批判社会，诊断这个时代的病症，前提是什么？是跟这个时代，跟整个社会的利益体系保持足够的距离。如果没有这种距离的话，你作为专家，你作为学者，就是整个社会的利益体系当中的一个成员，整个大学就是整个社会利益体系当中的一个环节，大学就不成其为大学，大学之精神也就随之消失。

有一句话，我们经常听那些"教育学家"讲，他们说，大学就是要适应社会发展的需要。

确实，大学要为社会服务，但是为社会服务不等于去适应社会的需要，这根本不是同一个概念。

大学之为社会服务，乃是引领社会的自我批判去达到其自觉。引领社会。

大学如果只适应社会的发展的需要，它就会成为整个社会利益体系的一个功能性环节。不，大学不是社会机体的器官，它保持着和整个社会的利益体系之间的距离，它因此能够对整个社会进行批判，它能够对时代进行诊断。

如果我们每一届的大学毕业生，本科生也罢，硕士生博士生也罢，都仅仅是作为专家人才输送到社会上去，我们倒真是适应社会发展的需要了。社会上若有个行当兴起了，我们就开个相应的专业，明天另一个行当兴起了，我们就又开另一个专业，这叫大学适应社会发展需要。

知识分子这个传统的维系，要通过大学。假如大学不维系知识分子的继续存在的话，那我们这个民族还有知识分子吗？会有的，叫民间思想家。我们这个民族人多了，各种怪人都有。他没有必要在大学里边，他在他家里五六个平方的小阁楼里就写出一本书来。

若把一个伟大的民族的所有大学都降格为职业培训所，不再成为精神中心的话，这个民族的精神还会在，但这个民族精神在民间了。而一个民族这样做，就是在精神上的自我放逐，让这个民族的思想的事业取决于偶然性，取决于少数偶然出现的具备着天下关怀的奇人。当然，在学校里面是肯定培养不出哲学家的，就像中文系培养不出文学家一样，但是大学守护着一个民族的人文思想、学问和真理的事业，守护追求真理的那个方式和尺度，守护某种传统，那叫传承。这种传承，离开大学的话恐怕很难，真的难。

所以，大学之精神的第二个方面，就是诊断时代，引领社会。

<u>第三，关怀天下，直面命运。</u>

这第三个方面，我们要在一个比较深刻的层面上来理解。

今天这个时代崇尚科学，但是今天所崇尚的科学，其根基是沙滩。这种科学的存在方式和它的知识的展开方式，脱离人类的命运。这种状况，已经由德国二十世纪的哲学家胡塞尔从根本上讨论过。胡塞尔晚年有一本书，题为《欧洲科学的危机与先验现象学》。他在这本书里，坦率地讨论当今人类的科学从根基上所出现的问题。他说，现代科学、欧洲科学在根本上陷入危机。危机在哪里？他指出，现代科学知识脱离了人类命运的本质真相，它是把自然界数学化。但是对自然界的非数学的领会，向来是一个民族的文化创造的根本源泉。现在我们把世界放到数学公式里面描写，据说这叫创造。他说，科学已经走在一条歧途上。

我认为一个大学，如果它有真正的大学精神，那么它应当能够直面命运。一个民族在它命运的道路上，有时候要做出命运的决断。命运的决断首先由谁来表达或最先领会到？这样的事在科学专家型的人才范围之外。

曾担任过浙江大学校长的竺可桢先生说，我们的大学固然要培养医生、工程师之类的专家，但是我们更要培养的是能担当大任、主持风会、转移国运的领导者。

因此，大学之精神的第三个方面就是关怀天下，直面命运。我们向来在命运之中，在我们这个民族的命运之中，我们不能以为自己是世界公民，好像经济的全球化必将带来文化的全球化，文化的全球化必将让民族之间的界限消失了，文化与文化之间的民族差别抹平了，这是不可能的。

我们无法用一种世界语来代替各个民族的语言，对不对？是否会有一天我们不说汉语了，全世界都说英语了？这绝不可能。我们在汉语中，就在我们的精神家园里。不要把语言仅仅看成为交流而设的符号工具。我们在我们的母语中，我们就在一种关于世界的基本经验中，就在某种最基本的人生态度中。一个以英语作为母语的人，和一个以汉语作为母语的人，基本的世界体验不一样，基本的人生态度也不一样。

所以，我们别以为自己是世界公民，中国的大学，不等于任何一所可以用其他大学来取代的大学。中国的大学就是中国的，美国的大学就是美国的，它还和欧洲的大学不一样，你到德国去看，德国的大学让你领会到的精神，和美国的哈佛大学让你领会到的精神其实还是有很大的差别的，中国的大学跟他们之间的差别就更大。我们现在一律地向西方学习，向西方看齐，称之为国际接轨——大学怎么能国际接轨？我是坚决反对这种说法的。

我们要受西方的启发的，西方哲学有智慧的境界，所以我们努力地翻译西方哲学的著作，从柏拉图一直翻译到海德格尔，但是我们的翻译过程，其实是一件怎样的事情？是歪曲的过程。在哲学的领域里面翻译伟大的典籍，一定是歪曲。但这种歪曲是必要的，因为，为了获得来自异族的思想的启发，就不可能不歪曲。

例如，把《道德经》翻译成德语，就必须通过歪曲，这个歪曲，意味着译者能够站在德国思想的根基上去领会老子给他的启发——每领会到一分启发,就可以用德语翻译这一层意思。这样的译文由我们中国人一审视:不是这个意思嘛……不是这个意思没关系,你别说他错,因为这样译,对他们西方思想的展开和提升有好处。

就像我们中国人翻佛经,肯定会歪曲佛经的,但我们完成了佛学的中国化,以禅宗为最典型。从此,我们汉语当中增加了许多新的词汇:觉悟、因果、业、境界、本体,对吧?这些新词是不是就是对佛经当中原来的观念的准确无误的表达呢?不可能。这些词原来在梵语的词汇系统里,在梵语的意义场里,我们一旦翻译过来,就把它纳入了汉语的意义场,让它在汉语的意义场中展开,这叫为我所用。这是事情的真相。

所以,倘若我们谈论一个民族的精神中心,就是在说它是一个体会民族命运的地方。在对命运的感悟中去领会真理,这是天下关怀。

只要文化在,一个民族的精神家园就在,它靠谁守护?中国历史上向来是靠在野的士大夫来守护,他们通过讲学的方式、书院的方式来守护。王阳明在他的家乡讲他的心学,人们从四面八方来到他的家乡聆听他讲心学,为中国开新的道路,这是中国人以一种中国哲学的方式来直面自己民族的命运。

今天就讲这些,谢谢大家。

读书如恋爱

各位同学,我接到经石书友会的邀请,说是以"知名学者谈读书"这个题目来做一个讲座。我看到这个题目,就感到惭愧。不是因为我要否认我的知名度,而是因为我已经有一个学者的身份,以学者的身份来谈这类话题,是没有资格的。为什么呢?因为读书属于学者的职业生涯。倘若是"知名学者",就更无资格谈读书。因为他们的读书经验,在根本上具有功利性。他们要写书,要搞学术研究,他们在案头摆放的那些书中寻找未来作品的"养料",在这个意义上,我觉得我没有资格谈读书。最有资格谈论读书经验的,是那些不以读书、写书作为职业,却十分爱好读书的普通人。倘若以这个标准来衡量的话,在座的有多少是真正的"读书人"?

现在,我既然作为一个学者来谈读书,如果你们要我讲老实话,那么,我就要讲这样一句话:读书使人伤神,写作给人愉快。但是,我又感到害怕。害怕什么?怕的就是写出来的东西让别人伤神。不过,还是要信任读者,他们如果觉得伤神的话,会把我写的东西扔在一边,绝不继续拜读。结果就是两个:一、第一次印出来的,再也卖不掉了;二、不会重印。这是最好的解决办法。

所以，后来我也就放心了，我写的时候就不管是不是会让别人伤神，反正市场经济嘛，它有一个尺度。如果读者不喜欢了，你让他伤神了，那你的书就卖不掉，下次千万别再写。如果出现几篇东西终于不是让人伤神而是让人愉悦，我也就高兴了，我的那个所谓"学者生涯"，也就能够得到一点慰藉。

我的这一番话，大家也许听得有些莫名其妙，因为读书这件事情，实在是很难谈论的。我首先要谈的主题是，读书与人生的关系。在这个问题上，古人说了很多的话，历史上有各种不同的说法。比如，尽信书不如无书。还有我们中国人喜欢讲的那句话：人生识字糊涂始。这是讲读书害人的地方。他们（古人）主张要读人生这本大书，强调智慧不是来自书本的，怕的是读书把人给读傻了。智慧应当来自人生的阅历。这是一类说法。还有一类说法是赞美读书，赞美读书是人生当中最重要的一个方面。例如，高尔基说："书是人类进步的阶梯。"现在的书店都把它写在那里，表示它那个商店特别重要。这两类说法都没有错，但是如果只取一端，必定要错。所以，还得讨论读书与人生的真实关系。

天下之书的分类

在讨论之前，我又想把天下之书分一下类。我粗粗地分了一下，没有严谨地研究过。天下的书，大体可有四类。

一类是技术性的。技术性的书人人要读的，因为要谋职，要生存。这类书小到《使用说明书》《操作指南》之类，都能算在其中。如果你买了一个家用电器，它就有一本使用说明或操作指南。诸位如果学的是计算机应用的专业，要捧的那本教材，实际上就是操作指南，就其本质来说就是这样的书。诸位若学某种技术性的专业，就一定会面对许多"操作指南"，每一本"操作指南"代表一门课程。这样的书，是第一类。

第二类，那就是学术研究性的书，那是理论工作者写的书。

第三类，娱乐性的书。读这种书是为了快乐。躺在床上，或者在洗手间——如果真形成了这种癖好的话。这类书地摊上也很多。我们在旅途烦闷的时候，有的人捧一本海德格尔的《存在与时间》，也有的人捧一本《中国法制文学》，《中国法制文学》大体属于娱乐性的。

第四类，是思想性的书。

这样的分类一定不是严格的，因为有些类别之间有重合，有些书可以兼符几类，既是娱乐性的，同时又是思想性的，那是最好的书了。我有时候读叔本华的哲学著作，就觉得是思想性的书，也是娱乐性的书，读起来很快乐。当然，这要有读书的积累之后才会达到这样一种感受。上述分类不是严格的，但是，第一类绝对不会和后面三类重合，这是可以肯定。你千万别指望在一本操作指南类的技术书上找到什么思想性，或找到什么娱乐性，或找到什么学术研究，都没有。

然后，我们在这四类当中再分两类：一类是真正的书，另一类不是。你总不能说操作指南是真正的书，你也总不能说学术研究性的书是真正的书，为什么呢？操作指南这类书，只在你需要操作时才有意义，否则你去读它干吗？如果我根本买不起冰箱，

69

你给我好几本关于冰箱的指南，有什么意义？另外，学术研究是某一个领域的专业同行之间的交流乃至竞争，你又不在这个行当里边，你去读它干什么？你又无须去评价哪一个专家更像专家、更有成就。所以，这类书只是适合一小部分人的书。就像我有时候写的文章，我知道只有两个人读，一个是编辑，一个是我。你们说这种东西像书吗？它们绝不是书。可是，它们又总是被称为书，因为约定俗成。

四类中的第三、第四类书，我称其为真正的书。我们要给它们以一个真正的书的地位。为什么说它们是真正的书？因为它们是属于所有人的书。

不过，现在我又要说另外一句话了，那就是，前两类虽然不是真正的书，倒又是"必读书"。为什么呢？你不读不行，生活所迫。操作指南之类，你总要读一两本，你没有攻读过几本操作指南，你拿得到文凭吗？拿不到文凭，你能找到职业么？这就是生活所迫。第二类，也是生活所迫。学术研究，现在是职业。我们早已告别了那样一种时代，在其中我们可能是贵族，有丰厚的家产，自然可以优哉游哉、游荡、遐思，甚或苦思冥想，然后给世人写出伟大的作品。在那里，没有人会为你统计著作论文的发表量，以此为你评定职称。如今的学术著作，却大多是在职业生活的压力之下写出来的。所以，我也称其为"生活所迫"。你要写学术书，你也就得先读别人的学术书。所以，学术书对于这一类人，也是必读书。所以，第一、第二类，虽然不是真正的书，但恰恰就是必读书。

读书的意义

怎样读必读书，是各个领域内专家自己的事，我今天要谈的是"非必读书"。一本很伟大的小说，你不去读它，照样谋生。然而，我此刻想说的是，读非必读书，却是人生的一种宝贵的经验。这种经验，有与没有，人生会大不相同。读非必读书的经历，是一种怎样的感受呢？我想，最恰当的比喻是"恋爱"。恋爱是人生的一所伟大的学校，教会我们从前不懂的道理，让我们的心灵丰富起来。作为恋爱的读书，是一种真正的精神经历，是生命与心灵的交流与对话。作者的生命，我们自然不能直接体验到，但作者写了一本书，就像你的恋人同你谈生命的感受。好的书，是一个合格的恋人。合格的恋人是怎样的？是值得我们崇拜的，值得我们与之交心、向之倾诉甚至与之争吵的，这同实际生活中的恋人之间的关系是一样的。在书的海洋中找到恋人的人，在旁人看来就好像犯病了，他手不释卷，或悲或喜，废寝忘食，夜不能寐。读书读到忘情之时，自然自己也要写书了，那是"情书"——读书杂记。这是伟大的隐私，你不好意思拿出来给人看。

好的书是一个富于理想的、独特而有趣味的心灵。这样的心灵，对我们很重要。我们从小长大，起初还好学好问，成人之后，就开始进入功利境界，养成了许多趋利避害的习惯，这被誉为"成熟"，其实是积淀了很多的成见、偏见，稳定起来，觉得自己已无所不知。这最可怕。

我今天讲的读书，不是为了娱乐，而是为了脱俗。读好的、真正的书，主旨在于脱俗。为什么要脱俗？不读书的人，面目可憎（生活态度往往媚俗），语言无味（说话毫无情趣，更乏幽默，说话的内容总离不了功利的东西或逻辑的东西）。读以文字写下的书，是人生宝贵的经历，但不是人生非要有的经历。一个文盲不识字，自然读不了文字的书，但他仍有很多"读书"的机会：他可以与君子、与脱俗的君子交谈，所以，有一句格言说，"与君一席谈，胜读十年书"，讲的就是这种情况。不过，能否读文字的书，还是有很多的不同。一个不读文字的书的人，是否能遇到各类君子，每晚都和他一起共进晚餐？这就只能碰运气了。至于读文字的书，就可以把各种各样的君子都请来，甚至可以安排一个计划，让他们谁先到，谁后到，按自己的心意与他们交流，这就是差别所在。

为什么"与君一席谈"很重要呢？因为人的生命要有意义。这样难得的一次生命，人的生命，在其展开的过程中，始终要求诠释。在生命中，我们会遇到挫折、苦难、成功、欢乐，无论是什么，我们的心灵都自然地要求诠释。苦难时要勇敢面对，顺利时要真能体验欢乐。书虽然不能代替我们自己对生命的诠释，但可以帮助我们。与怎样的人"恋爱"，谈什么样的"恋爱"，这与我们自己对生命的诠释水平有关。

选书来读如选人去爱

怎样选择书？必读书不必讲，至于对非必读书的选择，这相当于询问：应该选择什么样的人去爱？倘若我告诉你，你去爱那个有钱的人，去爱那个有地位的人，你未必会爱上他。你会爱的人，是与你不期而遇的。有许多书很著名，世界名著，你也读过了，也许仍无法爱上，这是很可能的。读书是你的事，是你在"恋爱"，我有什么权利让你去爱那个高层的人，而不去爱这个普通的人？《呼啸山庄》据说文学价值很高，《基度山伯爵》据说价值不那么高。但我当初就是不爱读《呼啸山庄》，更喜欢读《基度山伯爵》，其中的法利亚长老与爱德蒙·唐泰斯在伊夫堡监狱中谈论人生，每一句话都说到我心里。所以，我们不要"包办恋爱"。那些读书指南、必读书目之类，安排了值得去追求的恋人，就像婚介所。

学者不应该给年轻人开具必读书目，这是把自己的爱好强加给别人。鲁迅就从来不给青年开列必读书，不仅如此，他还认为学者没有资格做青年的导师。读书这种"恋爱"只在一段时间内才是专一的。当你终于觉得自己对某位"恋人"太过熟悉了，此时恰又遇到另一位，你就要见异思迁，如此"爱"下去，就是一个会"爱"的人。文学上的恋人，要多找几个。不要怀疑自己的鉴别力，不要怀疑自己是否把宝贵的时间花费在一本并不很值得读的书上。例如小说《牛虻》就曾给了我深远的影响。不要相信批评家的话，重要的是我们并非全凭理性而恋爱，并不是按照某种设计得很正确的计划去读书的。我们读书也不是为了装点门面，而是为了自己生命的需要。一部好作品，是一个三棱镜，是用来折射阳光的。不同的心灵会折射出不同的景象，碰到了一部好书，就是碰到了一个伟大的三棱镜，它会给你启发，给你力量，为你打开新的视野。

我们不应该按作者的名声为书排定价值等级，不应该在书之间划定一流、二流，名著、非名著这样严格的界限。常见这样一些书，一代人乃至几代人认为它们没有多大价值，所以长久地默默无闻，突然有一天变得高不可攀。在宗教、艺术、哲学的领域，对书的评论其实不存在最后的权威，真正有资格评论的是你自己。也许某人终生都把一本大家认为不太有意思的书当作他自己的世界。一部伟大的作品就是一个世界，人生的酸甜苦辣都在里面。哪怕它只是讲述了某个人物的有限的生活，但它却仍然可能折射出了生命的全部意义。

我们往往对于某些文学作品的不朽的性质很难理解，它们所反映的那个社会、那个时代早已远去，为什么对于生活在今天的我们还有这样大的魅力？《红楼梦》写了那样一个贵族家庭，荣国府、宁国府，主子、丫鬟、奴才一大堆，这样的社会早已远去。我们自然可以说，这部作品是中国古代社会的一面镜子，但它的意义不限于此。整个中华民族的传统文化都在这个三棱镜中被折射出来。荣、宁二府的盛衰早已过去，但《红楼梦》诠释了中国文化生命的基本性质和它的悲剧性的命运，这在今天对于中国的进步仍有很高的价值。从一部《红楼梦》中，不同的中国人读出不同的东西，可见它的包容之大。不朽的作品就是这样地活在无数世代的人们对它的一次又一次的解读之中，它的生命就在无数次新的诠释中延续。

总之，我们对那些真正的书的阅读，并不是一个被动的接受过程。那些值得我们去读的书，都是我们可以与之对话、并且值得与之对话的书，这就是选书的标准。

我们都是平凡的人。我们在自己的生命历程中逐渐地认识自己，而这个过程就包含了与那些伟大的心灵的对话，用这些心灵对生命曾经做过的诠释来充实我们自己的心灵。这就是真正的读书，读真正的书。

真正的伟大属于心灵
——漫谈西方古典音乐

复旦少年中国学社的同学跟我联系了几次，希望有一个机会让我和大家谈谈西方古典音乐。我非常高兴，也珍惜这个机会。每当夜深人静，我一个人聆听音乐，感受最深的时候，总有一个冲动，就是想唤醒所有沉睡着的人：你们还睡着干吗？人间有那么美妙而感人至深的境界！在这样的境界中，我们超然物外，对于这个由现实利害所构成的世界有一种优越感，这是只在艺术欣赏中才能有的感受。有时候，我甚至觉得自己高于这个世界，因为艺术把我带进了另一个世界。所以，我就有了到这个教室里做一个关于音乐的演讲的冲动。

音乐是最高的"巫术"

我不敢以西方古典音乐知识上的权威而自诩，因为我没有研究过，只是喜欢，一有时间就去倾听那些作品。听的时候也没有系统，没有按照音乐史的顺序一个曲目一个曲目地去了解，我从未下过这样的功夫，特别是当看到诸如《爱乐》杂志这样的古典音乐发烧友的期刊时，就觉得自己是不够格的。发烧友们有许多知识，这些知识我都不懂，但是，我总是相信，我以自己的方式喜爱西方古典音乐，自成理由，不必担心知识不够。这是第一。第二，我有一个基本的信念：音乐不是用头脑听的，是用心灵去听的。用头脑听的时候，我们是力图理解曲式，理解作品的构造，某个主题最初怎样出现，然后又怎样展开、再现，或者是三段曲式，或者是以赋格的形式在不同的声部轮流来一次，或者还有回旋曲式等等。那是头脑在听，听出一个"流动的建筑"来。但这不是我喜欢音乐的方式，那是专家的态度。专家的态度我从来不取，因为艺术不是为专家服务的，不是行内的密约。音乐属于社会，属于民族，属于人类，属于人类的命运。

音乐是对我们所领会到的命运的表达。但是，今天，人们对音乐的态度恐怕不是这样。今天对音乐的态度，可能会错失音乐的本质。当然，音乐作为娱乐也未尝不可。音乐安慰我们的心灵，宣泄我们的情绪，达到心理上的某种效果。但音乐不是为这些而做的。你怎么利用音乐是你的事情，别人确实管不到。一个咖啡馆老板用贝多芬的音乐作背景，他可以这样做。但当我坐在咖啡馆里听贝多芬的音乐时，我会突然出神，然后眼前的咖啡就看不到了，我接着要赶回去，要去听贝多芬了。对我来说，这音乐有如一个世界在召唤，它绝不是我此刻与人闲聊时候的陪衬。

说到音乐，我们自然要提及各种各样的音乐，有东方的也有西方的，有古代的也有近代的，还有当代的。但我总觉得在人类所有民族的音乐史上迄今为止达到最高峰的形态，是西方近代音乐。西方近代音乐我们通常叫它 classic music（古典音乐）。人类的音乐创作非常古远。鲁迅先生说，从初民在劳动中的"吭唷吭唷"那里开始。音乐和劳动一样古老。后来，音乐开始力图只用自身的语言说话，不再从属于其他价值，既不附属于宗教的价值，也不附属于政治运动的价值，只把自身作为一个事件呈现出来。将音乐的独立推向高峰的是西方古典音乐。无论今天的人们如何疏远西方古典音乐，我们总须承认这是一个伟大的艺术殿堂，有无穷的宝藏。当现代科技可以让我们把一个伟大的乐队和一个伟大的指挥家揣在口袋里的时候，这个宝库就向普通人开放了。每念及此，我总有一种幸福感。当我迈步在街头，我把柏林爱乐乐团放在口袋里，有时邀请卡拉扬，有时邀请切利比达克，所以，在这一点上，我要对现代科技表达一种感恩的心情，尽管我常常指出现代科技的异化作用。

为什么古典音乐是一个伟大的殿堂呢？让我简单地从哲学上讲几句。第一，音乐是最高的"巫术"。一看到巫术这个字眼，我们会觉得它是贬义词，因为科学比它优越多了，我们总是拿科学与巫术对比，说巫术是一种愚昧。但我们误解了巫术的本质。巫术并不是人类在没有科学武装之前用愚昧的方法妄图使自然听从自己。不，巫术原就不是为了呼风唤雨，不是为了降服自然。原始人在行使巫术之后便去劳动、耕作或狩猎，并不以为举行了巫术仪式之后就可以回家睡觉，土壤就会自行长出稻谷来，野兽就会任人宰割。生活资料的果实必须用劳动的汗水来换取，原始人是懂得这一点的，他们并不是用巫术来取代劳动，而是用巫术表达他们对部落共同体的自我认同感，表达劳动的勇气和热情，用英国哲学家柯林伍德的话来说，巫术是原始社会的生命情感的发电机。所以，我们对于巫术不要有误解。巫术是原始的艺术，艺术就起源于巫术。

近代以来对艺术的理解是什么呢？它是一种欣赏的对象、审美的对象、娱乐的对象。但艺术作品最初并不是给大家欣赏的。最早的艺术作品——洞穴壁画——就藏在洞穴里，不是随便什么人都可以去看的，而只是在必要的时候才打开，让它起到巫术的作用。巫术的作用是什么呢？是形成原始共同体的精神氛围。它是一种魔力，这魔力激发每个心灵的情感和意志，让生命的目标变得有意义，这就是巫术原来的作用。所以，我说艺术在本质上是巫术。

这样说，也许会让大家不愉快，因为大家或许觉得艺术是高尚的审美趣味的表现，与精神、意志、情感并不相干。如若为了某种重大的社会政治运动而利用了艺术，这就是仅仅把艺术当作工具了。实际上，伟大的社会运动在它有可能发端之前，艺术已经开始普遍地发挥其巫术的功能，为这种运动提供了精神前提。历史上向来如此。欧洲中世纪末期，第三等级力图登上历史舞台，以达到摆脱封建桎梏、实现个人自由劳动的可能性，他们为争取个性的自由而奋斗。在这种奋斗起来之前，艺术已经透露了这个运动的消息，并且普遍地唤起了新的集体无意识。在此意义上，艺术相当于巫术。

今天，艺术变成个人的事情，几乎仅仅属于私人生活的一部分，但它仍然是"巫术"，是我们个人的心灵所需要的巫术。我们是无法满足于一个纯粹科学理性的世界的，我们不甘心于在利害得失的关系中被压抑。我们不仅需要趋利避害,我们的生活还要有一种意义,这种意义就是在艺术的创作和接受中被表达出来的。所以,直到今天艺术还是我们个人心灵所需要的巫术。没有"巫术",我们是没有精神力量的。当爱因斯坦把小提琴架在他的肩膀上,听到它美妙的音符时,他就进入了巫术状态之中。这和他所从事的科学事业毫不矛盾,他需要一种力量去鼓舞他探索自然的奥秘。这种力量不是来自科学本身,而是来自他所爱好的音乐。人类自古以来都需要巫术,在无限的将来,只要人类还在,就仍然需要巫术,即需要艺术。这是我对艺术本质的一个比较通俗的解释。

音乐代表尘世中的理想

现在让我们来看一看,中国人对西方古典音乐能否建立起一种比较亲近的联系?这个问题一直在我心中。

西方古典音乐对于想要进入其中的人提出了一个什么样的要求?我想,我们中国人没有西方式的宗教背景,这是造成距离的重要原因。西方古典音乐是从西方中世纪的音乐中脱胎而来,这样一个传统构成了西方近代以来的音乐创作的重要前提。西方近代音乐是把宗教音乐世俗化的过程。世俗化的目标是什么呢?当时的第三等级想要建立一个新的社会,他们有一种新的社会理想。这种社会理想的核心就是个性的自由,个人自由劳动的可能性,摆脱一切人身依附关系和政治等级的压迫,这种要求,成了对一个新世界的开启。

这个新世界打开的过程，就是反抗教会的统治，反对神对人的支配，让个性获得自主的价值，这就是世俗化运动的主题。在实际的历史进程中，世俗化运动是全面展开的，不仅在艺术的领域，而且在哲学的领域。在音乐的领域中，则力图以民间音乐做基础，摆脱对宗教形式的依赖。西方近代的许多音乐家都从事采风，他们对民间生活以及民间音乐的素材都非常熟悉，从中获取新鲜的、富有生命力的东西。但这一过程并不是从零开始的，而是以中世纪的宗教音乐的精神传统作为前提的。它是这样一个过程，即，力图把尘世本身理想化。原先的理想在天国之中，现在则要求尘世本身的真理的展开。这是近代艺术的主要旨趣，不论是音乐、绘画，还是文学。这就是说，尘世的理想化采取了中世纪的精神样式。

中世纪文化的一个重要特点是构造一个超验的世界。现在，这个超验的世界要为表达个性的真理而服务。这是一种结合，一种关于世俗生活之真理的崇高叙事，也就是说，宗教般的崇高叙事被用来表达个性的价值。这个表达方式本身便具有重大意义，因为个性生活的全部的世俗内容，它的世俗的情感、愿望等等，正是在这种表达方式中获得了精神的提升。个性的自由，它的真理，它的权利，它的世俗的全部情感——情欲也罢，野心也罢，痛苦也罢，对未来的憧憬也罢——统统都被置入了一个宏大叙事的框架中去了。这一系列的情感都得到了精神的提升，这在根本上决定了西方近代音乐会达到它伟大的成就。它既是主张个性的，又是普遍的和超验的，我们一定要看到这层关系。

如果说，我们今天的人对西方古典音乐已有一种陌生感的话，那是因为我们已经失去了一种渴望，即一种把我们个人的心灵的愿望置入一个理想世界中去的渴望。我们发现这是不可能的，我们甚至认为这是虚伪的、不真实的。这不怪我们，因为我们所处的社会进入了二维平面化的生存方式之中，一维是经济增长的效率，另一维是利益分配的合理性。在这种状况中，我们不再拥有一个崇高的、可以让我们向上攀登的目标。所以，尼采说"上帝死了"，这个上帝就不仅是指基督教的上帝，而是整整一个超感性的世界。这个超感性世界的崩塌，使得不仅是古典音乐，而且是西方近代的整个审美理想的瓦解。这真是一种莫大的损失！

在这个近代艺术的伟大宫殿中，确实有一个张力（tension）始终保持着。一方面是个性，要求表达自己，要求把自己所具有的普遍真理讲出来。另一方面，近代社会的实际展开过程却让这种个性很难变成普遍的力量。在命运的力量面前，个性的全部美好的东西非常脆弱。所以，少年维特是烦恼的，这在贝多芬的音乐作品中也有流露，比如说《悲怆》，还有《月光》。《月光奏鸣曲》第一章的慢板，特别表现了少年维特的这种感受。这不是偶然的。伴随着整个近代市民社会的兴起，古典音乐体现了这个社会所经历过的命运道路。

但是，也正是在这种张力中孕育了伟大的艺术。这是一种原则：在普遍的幸福与和谐中，不会产生伟大的艺术。孤独的个人要求普遍的真理，它受到了压抑。个性与命运的抗争，是引导西方近代音乐获得其辉煌成果的一条主线、一个基础。正是这个张力，我们倒应当感谢它。而且，它不仅具有近代的意义，一般而言,也具有普遍的意义。直到今天,我们实际上都感受到这一张力。我们一方面追寻我们个性的理想,知道我们的内心拥有对生活的解释权,并且知道我们的愿望是那样真诚,但是我们在现实中受到了严酷的打击,于是,我们就再度能听懂贝多芬。如果我们放弃抗争,我们就告别了贝多芬。贝多芬不仅知道这种张力,表达这种张力,而且塑造了英雄。因为英雄最后战胜了命运。而且这种英雄成了全体人民,那就是《第九交响曲》。我们在今天如果还有一种信心和意志,我们就会亲近贝多芬。但我发现包括我本人在内的许多人,已开始疏远他了,因为我们没有这种力量,没有这种强大的信念。

现在我觉得自己苍老了,心灵苍老了。我当初不很听得懂勃拉姆斯,他的语言是晦涩的,他的作品中常常弥漫着一种晦暗、冰冷的气韵,偶尔才会有一些明朗的东西出现。后来我慢慢地喜爱上了他的音乐。他承认了个人的渺小,他知道个性与普遍真理的连接是万分困难的,几乎是没有希望的,于是,希望就退回到了内心,在严寒之中,我们听到丝丝的温暖,它代表了尚存的希望和慰藉。在这种气氛中,我们不免深深感动。恐怕,我不得不以一种勃拉姆斯的态度来看待这个世界。这就是我喜欢勃拉姆斯的原因。我们一路从贝多芬走到了勃拉姆斯。现在年近五十的人,大多都能听懂勃拉姆斯。此外,还听得懂布鲁克纳,他的作品是一种朴素的神秘,是从大地上涌现的情感。这表明我们的心灵已发生了重大变化。

贝多芬是以一种真正的英雄态度来表现个性与真理的联系的,以此去迎受命运的考验,从而赢得一种普遍的胜利。但贝多芬到了晚年也发生了一个重要的转折，特别是他晚期那些著名的室内乐，流露出对于世界的一种与他中青年时期不同的理解。《不列颠百科全书》"贝多芬"词条在讲到他的晚年音乐时说，他给世人"打开了新的音乐视域，现在还很少有人能进去"。实际上，我们现在能够进去，我相信在这一点上，他几乎是重演了莫扎特。莫扎特的晚年作品隐含了很深的痛苦，尽管这种痛苦仍然被包裹在优雅的旋律之中。他似乎预感到了结局，因而回顾了这个世界，表达了对于个人的根本的有限性的体验。他在晚年的一部不朽的作品，就是《A大调单簧管协奏曲》。

从西方古典音乐的展开系列中体现出来的思想历程，最终归于这样的结论：第三等级所追求的理想的尘世，反而成了今天人类无家可归状态的先兆。但是不管怎样，西方古典音乐的殿堂提供了领会世界的各种角度和视野，它如此丰富：既有伟大的英雄主义，又有悲观失望的情绪；既有虚无主义，又有宗教情感；既有冲动与欲望的自然流露，又有对清纯的爱情的细腻刻画。这是一个丰富的世界，我们在其中阅历人生。

音乐让我们不孤独

关于音乐，哲学家们说过许多话，他们在艺术的各种门类中往往特别地提起音乐而给予最高的赞扬。我在这里仅举黑格尔的一段话为例。黑格尔说："如果我们一般地可以把美的领域中的活动看作灵魂的解放，摆脱限制和压抑的过程，因为艺术通过供观照的形象可以缓和一切最酷烈的悲剧命运，使它成为欣赏的对象，那么，把这种自由推向最高峰的就是音乐。"这是黑格尔对于音乐的赞美，见于他的《美学讲演录》。还有一位和他同时代的同样重要的思想家叔本华，也在艺术的各种门类中认为音乐是最高的。尼采也有这样的看法。所以，我一直这样想，我们对于我们所处的文明、我们的历史、我们的民族乃至人类的命运要有一种深切的体验的话，我们至少应有三种修养：音乐的修养、哲学的修养、诗歌的修养。这是人类精神活动的三个最高的领域，没有什么是比它们更高的了。

在西方古典音乐中，我们还能感受到知识分子的命运。"知识分子"是一个怎样的概念？在西方，知识分子是这样一个群体：当中世纪的教会衰落之后，取代教会而执掌对世界的精神解释权的，是知识分子。他们用他们的理论或者艺术，表达了一个新的社会之展开的命运过程。他们是以个人的方式来体验这个命运的。他们的个人生活中的许多细节、曲折，实际上都具有普遍的意义，因为他们是真诚的，他们过自己的一生，并不是被社会安排的。

他们知道这个社会正在往哪里走，从而为真理而奋斗，身体力行。他们用自己个人的命运来体验和表达欧洲各个民族的命运。这在某种意义上也是在体验和表达人类的一个重要的历史阶段。因此，他们的世界不仅具有个人的意义，他们的传记也不仅具有记录一个伟人的日常琐事的意义，而且具有一种普遍的投影的意义。就像尼采，他一生的许多坎坷和痛苦，实际上是代表整个欧洲体验着近代以来的文明的痛苦，他以独特的方式预先经历了欧洲近代文明的虚无主义病症。他的伟大就在这个意义上。他并没有给欧洲人以真理，但预先经历了欧洲人的痛苦。我们应当这样来看待尼采，我们同样应该这样来看待欧洲古典音乐和这些音乐的作者。在文学中也是这样，托尔斯泰为什么在晚年会突然离家出走？不能仅仅去寻找许多个别的原因，当托尔斯泰开始自觉写作的时候，他就一直在用自己个人的生涯体验着俄罗斯的命运。

欧洲近代知识分子在各自的领域中体验着民族的命运，今天，这样的知识分子还存在吗？仅仅为了这一点，我们就应当回顾，应当哀悼。对于今天的人来说，已经失去了任何普遍的精神价值可以让我们去追求和奋斗。因此，我们不得不承认，后现代主义以一种残酷的方式说出了事情的真相。我们如今是在个人的灯光下聆听音乐，在个人的灯光下思考哲学。在聆听和思考的时候，我们不要错过伟大的作品。它们是一种养料，我们的心灵因此才有可能变得丰富起来，也许还汲取了力量。

我认为，在当今时代，伟大的作曲家已经不可能重生了，我们这个时代呼唤伟大的演奏家。在演奏家中间，最重要的是指挥家，整个乐团就是由他来演奏的。这些伟大的指挥家很了不起，因为正是他们，才使得伟大的作品继续活着，活在我们当代人的心里。这也是我非常崇敬切利比达克的原因。以前，我从未听过他所指挥的作品录音，而只听卡拉扬的。我曾用卡拉扬的耳朵来听一切交响曲。现在，我发现，我已被一个叫切利比达克的人带到一个更高、更深刻的层面。他所演绎出来的那种悲剧感，是无法抵挡的。勃拉姆斯的《第四交响曲》是一部伟大的悲剧作品，其悲剧的品格，在切利比达克的指挥棒下，成为渗透了周遭一切事物的、无以抵挡的力量。

另外还有一点是我想要说的，那就是，建议大家步入音乐大厅。音乐大厅的空间，是任何先进的音响设备都无法模拟的，因为只有在那里，才真正出现了音乐作品的物性存在，这就是质料（material）的重要性。艺术是开启大地的，我们把各种各样的质料统称为"大地"。按照海德格尔的说法，艺术是建立一个世界，这个世界怎么建立起来？它只是形式的世界吗？不！艺术的形式是用来开启质料的，艺术作品让质料本身显现出来：音乐作品让声音成其为声音，在诗歌当中，语词才真正成其为语词，在雕刻家手中，大理石才呈现出它的全部魅力。同样的大理石，在石匠的手里，只是沉默的材料而已，石匠用它制造成一个用具。在制成的用具中，大理石本身便消失了。但在雕塑作品中，大理石不但没有被消耗掉，而是真正出现了。这就是艺术的本性。

当我们沉浸于某部音乐作品中的时候，我们会觉得它是一个最真实的世界，而当我们从中退出时，又会觉得刚才只是在梦幻之中，现在回到真实的现实世界中来了。我们经常这样看待艺术。这样看其实不对，艺术才更真实。当一个乐团在舞台上轰鸣起来的时候，它是如此的真实，那个定音鼓，那个锣，那些木管乐、铜管乐、弦乐，它们所奏响的音流一阵阵地扑面而来，这全是真实的。这里，此时，若有一个千人合唱团在这里合唱，就是一个世界呈现在你面前。你不能否定它的存在，它是如此的真实，比我们平时所居住于其中的现实世界更加真实。在日常的、为名利而奔走的生活中，现实世界只是一个认识的对象，一种逻辑的东西，只有承认这一点，我们才能对音乐有一个合适的态度。音乐是对潜伏在我们的力量中和我们的生命幸福感中的真理的开启。

在那些了不起的音乐作品中,我们的命运被表达了,我们的希望被表达了,我们的可能性被阐发了,我们的信心来了,这是一个本真的世界的打开。当我听到童声合唱的时候,就感到天使起飞了!真的,那是一群天使,在银铃般的童声的歌喉中飞翔起来!它是人类生活的真理的动人的形象。

我喜爱哲学、文学和音乐,这都是我人生的需要。我们每个人是渺小的,归根到底是渺小的。但是我们投身于一种普遍的关怀之中,关怀民族的命运,关怀中国人安身立命的根本,这也正是在关怀我们自身。如果我们在这种关怀中作出了哪怕只是一点微小的努力,如果这种努力居然对别人也产生了积极的影响,那就是我们此生最大的幸运了。

我们是孤独的,但我们又不孤独。我们通过哲学、通过艺术而不孤独。为此,我们应当对哲学感恩,对艺术感恩,对音乐感恩。个人永远是弱小的,但是我们总是希望自己有一种强大。当今时代的那种数量上的强大,是我所不屑为的。比如说,我究竟拥有多少资本,在商业的舞台上能否叱咤风云,或者我每年发表多少篇学术论文,这一切都只是数量上的竞比。我们珍惜我们唯一的一生,我们种下慧根,让这一生无论是富贵还是贫贱,总是活得富于意义。在伟大的音乐作品中,我们得到的是心灵的愉悦,这种愉悦无可名状,它给我们的心灵以充溢和伟大。

真正的伟大属于心灵。

人文研究与"书呆子"

各位同学，因为这个称号"哲学王子"，我有点不安。该怎样理解这个称号呢？我比较宽慰地对自己说，王子表示年轻。那就是说我还年轻，我是"哲学青年"。如果是这个意义，我比较高兴。

今天我没有很重要的学术观点带给大家，我的话题已经写在黑板上，那就是"人文研究与书呆子"。我今天想跟大家讨论一个基本问题——人文研究在当代的意义。在这个问题上，我不能说我有什么特别精到的见解，而只是想谈一下自己的看法。

我想到这个话题，是因为我偶然看到一份供白领阅读的报纸。这份报纸印得很精致，纸张也用得很好。其中有一篇文章的标题很醒目：《文科男生的自白》。因为我教的是文科，就自然被它吸引了。看了文章之后，觉得很有趣。在讲我的观点之前，让我先把这篇文章的精彩段落给大家念一下，以便"妙"文共欣赏，疑义相与析：

> 这是一群不幸的人，他们就是歇着，也不忘记思考人生的大问题。比如人为什么要活在这个世上？芸芸众生当然答不上来。可人家不是活得好好的吗？把简单问

题复杂化，把具体问题抽象化是他们最擅长的伎俩。其实宇宙人生给他们两辈子他们也弄不清，就去寻找答案，于是渐渐地，一种崇高感、悲壮感慢慢包围了他们。似乎人类几千年没有解决的问题都等着他们去解决。书读得越多，对书就越依赖。你如果见到一个文科男生突然欢呼雀跃，别以为他见到了一个十年前的姑娘，说不定是见到了一本十年前出版的旧书。不知不觉，他们用书里的世界代替了现实的世界，用想象代替了事实。当然最终他们肯定要碰壁、吃亏，到了这个份上，人们就给文科男生以一个雅号：书呆子。

这是文中最精彩、最核心的一个段落。这一段的中心思想就是：对文科研究有热情、有理想的文科男生，难免要沦落为被现实世界所嘲弄的书呆子。

看到这一段文字，我不禁对这位作者产生了一种钦佩之情。第一，文字写得相当不错，极尽揶揄调侃之能事。第二，也难为他能理解在文科研究这条道路上的跋涉有多么艰难。

另外还有一段文字，透露了这位作者的基本立场：

要知道那个年头（二十世纪八十年代），凭几首歪诗就能骗得芳心。现在哪，把诗行变成命令行吧，这样才会使芳心倾倒。因为据说程序现在是按行计价的，文科生哪，快一边歇着去吧。

我们不必计较他的措辞，他的用意是好的，是提醒我们在这个时代是不能用文学或者思想来换取芳心的。这是对我们的一种提醒。不过我想，至少他还是犯了一个低级的错误，那就是预先设定了文科男生们的智商较低，低到了不知道现实世界的状况究竟如何的程度。事实上，即使是一个已经变成了书呆子的人，也不至于不懂得基本的现实。在这一低级错误中隐含了这样一个前提：现实世界的原则才是最高的原则。

我们今天的世界是一个以市场经济为基础的世界，在市场经济中，我们怎样才能证明自己是有意义的？强者不是用思想或者文学证明自己，而是用所拥有的资本的数量来证明自己。这一点，恐怕凡属智商正常的人都明白，作者就把这一点作为调侃文科男生的基本依据。这样一个基本立场，恰是我们这个时代的写照。

可贵的书呆子

但是，我现在要说，正是在这样的世界中，最可贵的，是书呆子。

当代世界的基本原则是实利主义。一个人在这样的时代里生存，他的人生成就用什么来衡量？用资本或他的生涯与资本之间的联系来计算。我们在这个时代必须很聪明，而书呆子是聪明的反面。书呆子为什么不聪明？我这里指的主要是人文学科的书呆子。假如你捧着一本计算机教材在那里读得很努力，就绝不是书呆子，因为将来是可以用命令行来换钱的。假如你捧着一本叔本华的《世界之为我的意志和表象》，就绝对是一个书呆子。世界不是你的意志和表象！世界是要用计算机语言来构造的。

所以，我给书呆子下一个定义：

<u>他们是一些生活、活动并且栖身于人文典籍的世界中的人。他们与现实保持着足够的距离。</u>

这样的人，可笑不可笑？可怜不可怜？可悲不可悲？这就是我今天想要讨论的主题。

你到底有什么理由栖身于那个人文典籍的世界中？回答就是：这是一个这样的世界，在其中收藏了一个民族在其历史进程中所拥有的种种思想、种种行动、种种信念、种种遭遇、种种奋斗。凡是能够被列为人文典籍的作品，的确记载着一个民族的历史命运，以及这个民族的思想、信念、行动、遭遇、奋斗、苦难。这种记载，意味着精神上的体验，文科的书呆子们就沉湎于其中。我们试问：如果你喜欢这种精神体验，并且能够理解这些典籍，难道可以把你判定为"不懂得人生"吗？

假如说，懂得人生只是意味着我们对现实社会中的利害关系、因果关系有一种清晰的了解，那么，这就是关于"懂得人生"的一种降格的说法。对于本民族的历史进程有深入的体验，并且能够理解它的人，难道不是在一种更加深刻的意义上懂得人生吗？这是全部问题的关键所在。

当然，体验只是体验，并不给出指导我们生活的金科玉律。倘若你拿一本人文典籍说"这就是我人生的指南"，你拿一本叔本华的《世界之为我的意志和表象》说"这就是我的人生指南",肯定不能这样理解。叔本华的这本著作,代表了他对欧洲民族的苦难,对它的民族家园的重建的理解。这对我来说代表了一种重要的精神的体验,即对西方历史生活及其演变的精神体验,这种体验意味着一个民族探究真理的道路。你难道不愿意从这种探究中获得最大的教益吗?

人文文献是什么?一部人类精神史。我们也可以这样说:一个民族的历程,就是一部巨大的学术著作。这部著作是由它的宗教、艺术、哲学等方面的相互关联所构成的。所以,人文研究就是解读人类精神史。这种解读有什么意义呢?我们这个时代让我们感觉到这种解读是无足轻重的空谈,是一种与现实生活无关痛痒的活动。

对于一个真正意义上的人文学者或书呆子来说,对民族历程这部巨著的研究,绝不是用来敲开利禄大门的敲门砖,而是一条理解、解释和批判生活的途径。

我们为什么需要理解、解释和批判生活?因为人的生存在根本上是有限的。不过,倘若我们仅仅是有限的,其他的也就不用多说了。问题是,人同时又渴望无限。这一点哪怕是对于"庸夫愚妇"也是一样的。芸芸众生中的每一个人其实都渴望无限。要理解这一点,可以从爱情这件事情上说起。

假如你恋爱了,真正地恋爱了,你最真诚的愿望是什么?你一定希望这一份让你心驰神往的爱不会像朝露一般轻易地蒸发掉。你感受到爱是一种伟大的东西。凡伟大的东西,应该不朽。在此,我不是硬要把哲学的辞藻用到男女之间的爱情上去。爱情的真相本来如此。你们两人爱得如此深切，而假定客观环境又压制着你们，阻止你们的爱结出现实的果实，你们能爱，但不能结合。这时候，在你心头涌起的最深切的愿望是什么？你会想：我们的相爱是一种奇迹，是千年注定的缘分，今生今世不能结合，还有来世的希望。让我们今生有约，来世牵手。来世是什么？是超现实的存在。在这种情况下，你自然而然地就超越了实际体验到的世界，自然而然地相信一种真正属于人生幸福的东西是超越当下有限的经验的。你此时不再愿意相信科学家对你说的那种万物皆变的自然规律。你不愿意相信爱情和一个苹果是一样的东西，它慢慢地成熟、丰满，而后又慢慢地腐烂，直到最后消失。你说："不，我此刻不是一个科学主义者！"在这种情况下，并没有任何人逼迫你放弃对科学的信仰，而是因为你自己 fall in love（坠入爱河）了，于是，你自然地成了一个人文主义者。你知道了爱情是什么，它既是俗世的、经验中的存在，又具有超越性。它是不朽的，但我们又希望这不朽的东西同时是经验地实现了的——正是在这种要求把超越与经验两个方面统一起来的愿望中，包含了爱情所固有的全部激情、向往和痛苦。

　　当代有思想家认为，在今天已没有真正的爱情。我以为，这样说恐怕太悲观了一点。据说当代人类的生存状况已把一切超越性存在都清洗掉了，于是，爱情的痛苦仅仅成了俗世中的烦恼。在爱情中的人不再有大悲大喜，真正的爱情悲剧也已消失。我不相信这一点，因为凡是有少男少女的地方，必定会有真正的爱情。爱情不会因为一个时代的特殊性质而被消灭掉。如果说在今天，传统的宗教信仰的超越性已在根基上衰落了，艺术的崇高性质已经丧失了其精神的源泉，而哲学在今天也已处于失语状态，那么还剩下什么呢？还剩下 love！正是爱情，还继续把超越性存在提示给我们。

从 love 来看人生，就可以知道，凡人生的价值中必包含超越性。不仅是爱情，只要是属人的东西都包含超越性。我们怎样赢得对当下实际情景和当下实际利害关系的超越？通过一个领域中的活动，这个领域就是人文精神的领域。我们读一部小说，读一部史学著作，读一部哲学作品，我们获得了什么？获得了对超越性存在的感受和领悟。

阅读人文典籍，意味着激活我们心灵中的性灵部分。我们灵魂中最高的部分是性灵。假如你是一位人文学者，你进入历史，你读到的不仅是史实。你一开始可能采取科学的方式去读历史，总结某段历史时期大约有几个部分，梳理史实之间的因果联系。但这样读，还未进入思想，也未发挥你的性灵的力量。如果你不仅读到史实，而且读到一个民族在其历史上的悲喜交集的命运，你就可以明白，司马迁为什么这样表达历史研究的目的：究天人之际，通古今之变，成一家之言。

一个民族的悲喜交集的命运就写在它的史学著作中，它的哲学著作中和它的文学作品里，这是一个确凿无疑的基本事实。你从史学著作中读到了大悲大喜，时而哭泣，时而欢笑，外人一看：书呆子，这个人居然用书本的世界代替了现实的世界！

我们从史实中读到了悲喜，这种悲喜就意味着在事实之外的一份感悟。假如你对维新变法运动的失败感到悲哀，你一定感悟了什么。本来你与维新变法的年代相距很远，何须悲喜？但你确

95

实有了悲喜，这就证明你对某种超越性存在产生了感悟，你感悟到了我们民族的近代命运。

我们读历史，读出了悲喜，就是有了感悟，就超出了事实的限制，进入了对超越性存在的领会。接下去你想做的事情，就是设法理解自己的悲喜的性质与意义。这就是说，你要把这些感悟上升为思想了。这种理解不是自然科学上的理解，而是进入了哲学。所以，史学研究与哲学相通。

我们不可能把我们今天中国人的生存状况看成由天上掉下来的一整套规则所造成，我们知道，它不是从天上掉下来的，而是从西方移植过来的。我们还知道，这套规则在中国的展开方式与西方大不相同。这就构成一对矛盾：一方面，我们不是西方人；另一方面，我们又必须用西方规则。我们在这种矛盾中感到痛苦，才想到要追寻痛苦的来历。这样，我们就进入了思想。

但是我们又发现，今天的许多人文知识分子正逐渐把学术研究变成一种纯粹知识的探究，成为一种很专门的职业，这是很让人感到悲哀的。在这种状况中，我们所能成就的至多是专业的知识，而不是对真理的探寻。

人文研究的任务

鲁迅先生说："历史上都写着中国的灵魂，指示着将来的命运。"这概括了人文研究的真实方面：历史、灵魂、命运。

因此，有必要重提人文研究的真实任务问题。

在这个地球上，只有人类是自己创造自己的生活。我们不采取基督教的观点，把人类生活的历史进程看作上帝意志的产物。问题在于，在迄今为止的历史中，人总是在盲目中创造生活。所以，人的文明对人来说，既是某种超越性价值的实现，又可能转变为对人性的威胁和危害。人文研究的真实任务，就在于通过回顾种种超越性存在的形成、建构、解体、转变，去发现这种人自身创造的事物如何转变为对人构成威胁的根源。比如说科学技术，是人类创造的，是在对某种超越性存在的领会中创造的，没有欧洲近代的人文精神，就没有欧洲近代的自然科学。但是今天，科技却同时也成为一种统治的力量，它把人本身也变成了某种可被处理的客体。于是，人文研究就必须再度把科学作为它的研究对象。人类生命的尊严，人类生命的幸福感，都是人自己树立的，同时也是由人自己来加以摧毁的。这是人类最大的悖论，人自身的悖论。如何解除这个悖论，是人文研究的基本任务。人文研究从历史性的事实中发现思想、表达思想，就有可能解除悖论。

如果换一种说法，人文研究的真实任务就是：在历史的长河中，始终守护思想。

我们今天说到思想，会想起范畴思维，这是近代西方哲学对思想的一个曲解。思想在本源上讲，并不是理性的逻辑。思想原始地是体验，是感悟。把它尽可能纯粹地表达出来，是哲学的本务；象征地表达出来，是宗教；感性地表达出来，叫艺术。在艺术、宗教、哲学中，真正的内容就是思想。

守护思想，就是守护良知。良知人人都有。我们刚才讲到的痛苦，其实正是良知的体现。我们不要把"良知"局限在伦理学范围内讨论。道德的整个基础，是对超越性存在的领悟。当我们阅读那些伟大人文作品时，我们得到启示，我们良知中本有的东西被启发出来了。

还有一点，人文研究达成其任务的基本方式是历史地研究。这就是说，我们不能把人类的良知看成个固定的东西，不能把人类对超越性存在的领悟看成一旦成功就不变的东西。良知的展开是一个历史过程。

从这个意义上看，任何一种人文研究，无论是史学的、哲学的、文学的、语言学的，都是历史。人文研究具有根本上的历史性，它探讨的是真理的历史。它通过探讨真理的历史来守护思想。所以，鲁迅先生的这样一句话是正确的，他说："历史上都写着中国的灵魂，指示着将来的命运。"在这短短的一句话里面，就概括了人文研究的真实方面：一、历史；二、灵魂；三、命运。

今天一谈到"命运"这个大字眼，后现代主义者就要跳出来说不对，说这又是在做"宏大叙事"。仿佛只要取消宏大叙事，命运就消失了。但我们始终都在命运之中。

最后，我想要说的是，守护思想的书呆子们，是我们这个时代最可爱的人。当年魏巍写过一篇报告文学《谁是最可爱的人》，那是歌颂抗美援朝时期的志愿军战士。今天我想借用魏巍的表达，如果我每天都能看到复旦校园里的书呆子们，那么我每天都被感动着，他们是我们时代最可爱的人。

一个人在其一生中，如果从来没有在人文典籍中待过，他也就太无趣味了。至于是否像马克思那样待了一辈子？那是要付出巨大代价的。如果你站在俗世的幸福这个人人都知晓的理由上来贬低书呆子，你是没有这个权利的。因为你的这种贬低的态度，只能证明你在性灵上的缺乏。当然，你可以终生追求舒适的生活，这是你的权利，也并不证明你因此就是渺小的。但是，倘若你不能对书呆子有一种发自内心的敬重，那就是没有良知的体现。

也许我们不必过于认真。在这个时代中，大家都希望轻松一点。但是，因为那位报纸文章的作者把文科男生的状况描述得比较严重，我就不得不做比较认真的回答。我第一要感谢他知道我们的艰苦，第二，我要这样回答他：你的立场是错误的。因为你在为我们这个世界的资本原则、实利原则提供辩护，你把这个原则看成生活的真理。

在此，我愿意引用一段话，来自蒲松龄的《聊斋志异》。书中有一个故事的主人公叫阿宝，他天性很痴，痴呆、痴傻，不是智商低的那个痴傻，而是那种专注、执着。这个人最后得了一个好结局。在故事的结尾，蒲松龄评论说："性痴则其志凝，故书痴者文必工，艺痴者技必良，世之落拓而无成者，皆自谓不痴者也……以是知慧黠而过，乃是真痴。"我看了这段话，叫绝，叫好。蒲松龄鼓舞了我们。

艺术与真理

艺术何以与真理相关联

我所喜爱的艺术好像都过时了：西方的古典音乐，中国的古典文学等等。而当代的艺术，却又让我觉得过于技术化了。我和我的儿子这一代人，在艺术的趣味和见解上有深刻的代沟。我们常常会在家里争夺声音的空间。他喜欢的音乐，我每每觉得不堪入耳。而我喜欢的音乐，他则觉得莫名其妙。面对这种状况，我深感困惑：难道人类的心灵已经发生了根本的改变？

在当代艺术的范畴内的有些作品据说很了不起，我也曾去参观过这些作品的展览，画展或雕塑作品展。但我确实看不懂，实在没法接受、理解或者欣赏。面对这些作品，我无动于衷，没有感受。我想，艺术是应当能够感动我的东西，而不是一种要我去猜的谜。很多现代派作品对我来说都是一些谜语，我总是猜不透，所以，竟然怀疑起自己的智商来。

慢慢地，我发现，艺术家们好像有一种密约，同行之间的密约，他们约定好了，彼此承认。这样，某人既然已有了一个艺术家的头衔，他就可以给他的那个作品标上一个号码，"作品第几号"，然后公开展示，让众人去猜其中的奥妙。

所有这一切导致了我的困惑，所以有了今天的这个题目：《艺术与真理》。我并不打算在这里抨击当代艺术，而只是想重新理解艺术。

艺术何为？艺术的本质是什么？什么是真正的艺术作品？这样一些问题是艺术哲学的话题。我在复旦大学讲授《艺术哲学》的课程。我讲这门课的自信，比讲《哲学导论》的自信差多了。我在课堂上所举的作品例子大多属于古典艺术。我意识到，这些不朽的艺术作品，离我们今天年青的一代距离其实很远，不仅是离中国年青的一代很远，离西方年青的一代也一样很远。

我们不得不再度追问：我们人类究竟在何种意义上需要艺术，以及需要怎样的艺术作品？我读过一些重要的美学著作，发现大致有四种回答。

第一种，认为艺术满足审美趣味的需要。我们人类除了各种感官的需要之外，最高级的感官需要是审美趣味的满足。我们对于形式图案以及颜色的配合，某种声音的组合，有一种审美上的需要。为了满足这种需要，我们创作艺术品。这种答案可以概括为这样一句话：美在形式。

"美是一种有意味的形式"，这是二十世纪的美学家克莱夫·贝尔所说的话，这是他为美所下的定义。一度，我以为这个定义很有道理。后来发现，这个定义没法把艺术品与工艺品区分开来。一件工艺品也具有能满足审美趣味的形式。如果艺术作品仅仅是这种意义上的存在的话，把这个观点推向极致的话，就是"唯美主义"。当然，唯美主义还有许多其他重要的思想，但是其总体原则仍是"美在形式"。

第二种对艺术的理解，认为艺术是为了满足我们做白日梦的需要。在现实中，我们的愿望往往不能实现，那就让我们就在艺术中做梦吧。但是这种理解，我认为仍然离开了艺术的本质。在这种理解中，艺术作品仅仅是某些特定的心理需要的产物。我们在现实中做不到的事情，通过艺术作品而得到虚幻的实现——这并不是艺术存在的根源。

第三种回答：艺术是为了宣泄我们内心被压抑的情感。现实生活有时候非常冷酷，我们有很多情感不能在现实中得到疏解和释放，于是只能求助于艺术作品帮助我们宣泄。在艺术的活动中，我们表达愤怒或狂欢，以此缓解内心的压力、重建平衡，以便更好地去承受新的压力。

第四种理解是，把艺术看作高级的娱乐。我们在艺术中进行游戏，这种游戏有一种吸引人的地方，它不是重复的，而是有创造性的。比如，我们到"陶吧"去，泥土在旋转的轴当中完成其造型，这样我就做了一次艺术家。或者，我们在一个咖啡馆里喝咖啡，一定要有背景的音乐伴随我们的闲聊。这音乐也许取材于莫扎特，或者贝多芬，或者勃拉姆斯，或者其他作曲家的作品的某几段优美的旋律，让它们营造出我们谈话的气氛。

我讲了四种对于艺术的本质问题的解答。这四种解答，都不能让我们满意，因为都未能指出真正伟大的艺术作品对于我们心灵的影响的真相。这些作品并非给我们娱乐，也不仅仅是满足我们的审美趣味，也不是让我们做一场白日梦，或者帮助我们宣泄情感。它们启发我们，引领我们，滋养我们的心灵，是我们灵魂的导师。黑格尔有一句话说:"诗歌永远是人类的博大的导师。"这句话也适用于所有伟大的艺术作品。艺术作品本是人类自己创造的,不是上帝,却能做我们的导师,可见艺术这个领域非常神奇。我们如果回顾艺术的历史,会发现它同时也是人类思想进步的历史,是人类的心灵不断地丰富起来的历史。如果我们坚持在这个意义上去理解艺术,那么,前面四种回答都没有触及艺术的根本。

我们会有这样的经验:当我们沉浸在某一部伟大的交响曲中的时候,在大约不到一个小时的时间里,我们经历了许多。这种经历让我们的心灵丰富起来,让我们的视野开阔,让我们的境界提高,让我们的情感变得更加深刻,对于人生,对于世界,会有一种新的洞察——其实,我很难把这一切表达清楚。应该说,有一种巨大的幸福充溢了我们的心灵,而这种幸福绝不仅仅是一种让我们的感官得到愉悦的形式美。当这种精神上的幸福经历真切地发生之时,我们就不得不问自己:艺术究竟意味着什么?

海德格尔有一篇从哲学上讨论艺术的文章《艺术作品的本源》,收在他的论文集《林中路》里。在这篇文章中,海德格尔明确地把艺术与真理相联系。当然,这在西方美学史上并不是第一次。在他之前有黑格尔。黑格尔在《美学讲演录》里也力图把艺术与真理联系起来,但是黑格尔终究没有把这件事情说明白,倒是海德格尔把它说清楚了。我们向来以为艺术的领域是审美的领域,真理的领域是一个理性的领域,我们就是这样进行区分的。当我们谈到真理的时候,我们会想到理性的逻辑;当我们谈到艺术的时候,我们认为这是进入了感性形象的领域,我们在其中得到的是审美的愉悦,而审美的愉悦与真理并无关系。然而海德格尔却说：艺术是真理的原始发生。

对他的这个说法，我们能不能理解？我们都知道艺术在感性的领域中，而在感性的领域中，如何可能有真理呢？的确，倘若在感性的领域中，我们人类心智所能达到的最高成就就是审美趣味的满足，那么，我们恐怕永远无法在艺术中谈论任何与真理有关的事情。

好，现在就让我们试着理解一下我们人类的感性与真理之间的联系吧。在今天的文明范式中，我们往往只看到这个现实世界的逻辑构造，诸事物之间的因果联系，以及这种因果联系与我们的生存需要之间的关系。我们区分事物、评价事物，给事物以不同的价值，为诸事物设立了一个评价体系。在这个评价体系中，此事物优于彼事物。这种评价，全然依据于事物在我们的生活利益尺度上的位置。

但是，人如果仅仅如此把握世界，他就被嵌入了一块巨大的钢筋混凝土之中。人使自己等同于物，这是人的物化。但人不是物。人虽然很聪明，知道事物之间的因果关系，从而利用关于因果关系的知识来趋利避害，但这仍不能使他高于物。

停留在钢筋混凝土中的人生并非真正的人生。人心还有"无限心"的一面，就是突破有限的个别处境，去领会到一种无限的东西，领会到超越的境界。无限心哪里来？来自对存在的领会。领会存在，其实同时就是领会虚无，人心因此就有无限心的一面。有无限心，是人与物之间的根本区别。无限心一旦得到发明与表达，就建构了人类生命的意义。人的生命不同于动物的生命，假如人类温饱之后就满足了，就不会有文明。在一种合适的自然的环境中，我们也能得到温饱。人类在温饱上的自然需要是极其有限的，一天之中只要一杯水、两块面包也能活下去。风雨来了，我们可以躲到洞穴里去，这样也就够了。人类文明的真实基础，是对生命意义的建构。

对生命意义的建构，在原始社会阶段是通过巫术。通过巫术，初民们通达了一种超越的境界。所谓超越，就是超越当下事实。原始人也这样，凡原始部落社会都有一种祖先崇拜。中国人是把祖先崇拜维持得最长久的民族，直到今天，我们仍在很多风俗习惯中把祖宗神化。在某些节日的时候，我们祭奠祖先，祭奠我们所属的家族的先辈，这是非常远古的祖先崇拜的遗迹。在原始部落的祖先崇拜中，原始人实现了怎样的一种愿望呢？他通过对祖先的崇拜，把自己这个小我同不朽的祖先相统一，祖先是这个部落的不朽的自我。每一个人通过与祖先的联系，就与不朽联系起来了。一个有限的生命、一个小我，与不朽联系在一起。祖先代表了原始部落的最高理想，代表了它的自我意义的确认。这种祖先崇拜是通过巫术来展现的。

原始舞蹈和原始音乐本属于巫术，而不是审美上的用途，其目的，是让所有的参与者都被这些舞蹈和音乐点燃起情感和精神的力量。它们是精神感召力的发挥，它们让某种超验的存在（如部落的祖先）在场，以启发和激励人心。艺术是在巫术中诞生的。巫术是形象的，它必须有作品，无论是舞蹈作品还是音乐作品，或者是在巫术中所使用的祭品，这些祭品都是原始的艺术品。比如，挂在原始部落的妇女或者男子脖子上的一串石块，它们经过了磨制，涂上了颜色，挂在脖子上，它们并不是我们今天意义上的项链，而是巫术的用品。我们从这些原始艺术的事实中体会到了艺术的真实目标：要求达到超越的境界，要求与某种不朽的事物相关联。由于这种关联，我们在现实中的艰苦生活就变得富有意义了。推动我们每一个人去奋斗的那种力量，并不是一种自然的必然性，不是仅仅为了存活下去而奋斗的那种生物的必然性。推动人类生命奋斗的力量是精神，这种精神的最初表达，就在艺术之中。正是在这个意义上，我们应当讨论艺术与真理的关系。

真理源自对命运的体会

我们一想到真理，就想到了科学，进而想到哲学，很少会想到艺术和宗教。宗教似乎只是盲目的信仰，艺术则提供感性的形象，也很难说其中有真理。这表明我们对真理有一种根本的误解，我们只把确定的知识、把描述外部经验的科学定理和科学定律看作真理。

同学们听我讲《哲学导论》课时会发现，我总是强调哲学是真理的事业。大家就会追问：什么是真理？这样的追问非常自然。当代人觉得真理是一个不可捉摸的东西。我们只有相对的意见、观点，你有你的观点，我有我的观点，每个人都有权主张自己对生活的理解。如果一定要把各种不同的理解统一起来，最终给出一个真理，这就可能被看作一种"文化专制主义的态度"。

我们这个时代似乎早已宣布：每个人都有自己的真理。试想，如果每个人都有自己的真理，哪还有真理可言呢？我们所拥有的，全是主观意见罢了。同学们会继续追问：你说要克服相对主义和怀疑主义，还要克服我们这个时代的虚无主义，这些话是有道理的，但是，究竟到哪里才能找到真理呢？是不是到儒家的经典，或者道家的经典，或者古希腊哲学的经典中去寻找？倘若是这样的话，我们仍然面临选择：我们应该相信儒家，还是道家，还是佛家，还是古希腊的苏格拉底、柏拉图，或者当代的海德格尔，等等？能不能说他们的学说是供我们选择的不同的真理，就像我们到超市里去选购东西一样？

我现在要简要地回答这些提问：真理从来都不是这样获取的。伟大的哲学典籍都能给我们以极为重要的启发，但这些启发彼此很不相同，有时还会有冲突。所以，我们在阅读典籍时往往会无所适从，既觉得叔本华讲得有道理，也觉得黑格尔讲得有道理。究竟谁有真理？终于不明白。这种情况很真实。

但是，既然追求真理，就先要搞清楚真理的依据是什么？真理是对命运的领会。谁若不在命运之中，谁若对命运毫无体会，谁就无从追求真理，即使读了一些哲学典籍，也毫无受益。追求真理，与学习一条物理学的原理根本不是一回事。真理并不是赤裸裸地写在一本现成的书上的东西，倘若真是这样的话，我们认识真理也就太容易了。相比之下，我们要认识牛顿运动定律就比较容易，我们只要把物理学教材的某一章打开读一读就能了解。我们认识真理的唯一真实的基础，是我们自己对命运的体会。所以，你究竟是成为一个儒家的信奉者还是道家的信奉者，这是有前提的，而不是任意选择的。这前提就是你自己从命运中发现的东西。你在一定的人生阅历的基础上,体会到一种命运性的因素,然后,你或借助儒家典籍,或借助道家典籍,对这种命运赢得了一种自由的态度。当你在这个态度中时,你就在真理中了。

我们中国人在体会到命运的时候,道家会启发我们,让我们赢得对命运的认识和自由的态度,这样我们就有可能进入道家的境界。同样,我们也可能从儒家的典籍中得到启发,取得对自身和民族命运的一种自由的认识,这时候儒家便来到我们的心中。在这一切发生之前,我们对道家或儒家的思想其实都不可能有真正的理解,至多只是了解了它们的一些格言或警句罢了。如果此时你问我究竟选择儒家还是道家,这就是一种非常抽象的提问。

那么,什么才能帮助我们先对命运有所体会呢?因为并非只要在命运中就能体会命运。事实上,有不少人,虽然身处一种命运之中,却从未自觉到它。帮助我们体会到命运的是艺术。

我向来认为,一个要学哲学的人应当有艺术的情感、艺术的体验。他应当曾经借助艺术领会过命运,这构成了他进入哲学智慧的基本前提。否则,哲学的著作放在他面前,就只是一套抽象的理论而已。中国文人历来的传统是在艺术中领会命运,也用艺术或哲学来述说命运。文、史、哲是贯通的,其中最具基础性的就是艺术。中国人讲"文以载道",这个文不是指论文,理论的概念无法载道。这个文是指"纹理",纹理是感性的形式。"文以载道",不光指文学载道,一切艺术都载道。

以心静观真际

我们平时总以为对真理的认识是一个展开着概念、判断、推理的逻辑过程，但是，真理首先是在静观中被我们认识到的。以心静观真际。唯有静观，才可能通达事物的本真存在。静观不是逻辑思维，不是范畴的演绎、逻辑的推论。我们的心灵要养成静观的能力。在哪里养成这种能力？答案还是艺术。中国人向来借重于艺术，中国人的艺术向来是同对真理的领会紧密地联系在一起的。

在中国古代的艺术作品里，我们能够看到中国人怎么静观命运，怎么在艺术中呈现对命运的领会和对人生、宇宙的理解。我们看一部艺术作品，所获得的最重要东西不是对一种形式美的感性享受。艺术开启我们的心灵，把我们本已在现实的命运中模糊地体验到的东西领到它的真相中去，让真相被澄明。这是我们的心灵的一种最根本的需要，是我们向往艺术的最根本的动力。如果没有这种需要的话，艺术就只是一种文化上的伴生现象，可有可无。

当代人的生活是忙碌的，特别是在现代化的城市里，我们处于一种快节奏的生活之中。在资本所导致的进步强制的驱迫之下，我们几无闲暇，何论静观？我们甚至连看一看蓝天白云和路边的花草的那种悠闲的心情都已消失。但是，倘若我们经历了严重的挫折，经受到命运的打击，我们才会突然发现自己的心灵有如沙漠一般荒芜。于是，我们想要奔向心灵的绿洲，这绿洲就是艺术。在这片绿洲上，我们有可能观照真理。

我们现在来看一个作品的例子，这是一部文学的作品，是一首诗，作者是曾经活跃在二十世纪八十年代中国诗坛上的女诗人舒婷。这首诗的标题是《思念》，并不很长，一共才三段：

一幅色彩缤纷但缺乏线条的挂图
一题清纯然而无解的代数
一具独弦琴，拨动檐雨的念珠
一双达不到彼岸的桨橹

蓓蕾一般默默地等待
夕阳一般遥遥地注目
也许藏有一个重洋
但流出来，只是两颗泪珠

呵，在心的远景里
在灵魂的深处

这首诗写爱情中的思念，并不缠绵悱恻，却是深沉浩大，而又不失恳切与细致。其中最能打动我们的是这样一句：也许藏有一个重洋／但流出来，只是两颗泪珠。

我们现在问：这首诗美还是不美？显然是美的。美在哪里？是不是因为把思念之情状描写得巧妙而逼真？当然，我们可以说诗人巧妙地化用了李煜的诗句"剪不断，理还乱，是离愁"，但这一点并不是这首诗所给予我们美的意象的根由。这首诗的美是一种悲剧美。它所展示的意境,乃是在中国文化中的爱情境界。如果一个西方的女性正思念着她的爱人,她会怎么说?她也许会说:"即使有一个重洋,我也要跨过重洋,去寻找我的爱人。"这样就毫无悲剧美可言,而只是表达了爱情中的勇气和执着。

在这里,"藏有一个重洋",意味着极为深厚的情感,但是这情感并不像火山一样热烈迸发。它是重洋,是心灵的深广,其深广的程度给予两颗泪珠以无法度量的分量。请想一想,这一对比是多么巨大!在这种对比当中,呈现出来的是人类情感的伟大,是中国女性的爱情的伟大。这伟大源自在爱情中的命运体验,而这首诗则真切地展示了这种体验。我们由此可以理解,经过艺术所表达的情感,为何有时能够打动千百万人的心。

艺术作品是情感的表现。但是光停留在这样一个判断上是不够的,并非我们所有的日常情感都可以搬到作品中去表现。如果我们在日常的情感中体会到了命运,这样的情感就是"生存情感",在生存情感中已经包含了真理,请大家注意这一点。我们通常以为,情感与认识是两回事,当我们处在情感中的时候就没有清醒的头脑,丧失了认识的能力。然而,真正的人类情感却是真理的钥匙。

在这一点上,海德格尔说出了深刻的道理,他批判了西方的哲学传统,在这种传统中,情感被置于认识之下,低于认识。人类心灵的活动被分为三个等级:最高等级是认识,第二等级是意志,第三等级是情感。情感是最低的一个等级,情感只是伴随我们人生的认识过程的一个副现象,可有可无,我们有时候还希望它没有,因此我们常说要用理智战胜情感。

海德格尔认为这是错误的想法。实际上，深刻的情感是我们认识真理的起点。我们在情感中，并不是在生物学或心理学意义上的情绪之中。在人类的生存情感中有对真理的领会。艺术发表这样的情感，给予它一种形象。当生存情感被注入形象中去的时候，这个形象就不仅仅是形式美了，它打开了一个 internal vision（内在视域）。内在视域与外在视域相区别、相对待。

我们看一幅画时，若只看到它上面画着的山、水，还有一座桥，这只是进入了外在视域，即辨认出了具体的形象。以这样的方式接触绘画作品，我们所发挥的是认知的能力。我们常常在这个意义上说看懂了一幅画。但是，这幅画并不是为了告诉我们有这样一些东西。如果它只是这样一个目的，它就不是艺术作品。我们看画，是要在这个外在视域中看到内在视域。内在视域是要我们用"心眼"去看的，心眼是情感的眼睛。

在我刚才所念的舒婷的那首诗里，从头到尾都是形象。最后两句还在形象中，但这个形象已试图把内在视域展现出来了：呵，在心的远景里／在灵魂的深处。这两行诗句，是要用我们的心眼去阅读的，它把人生中的爱情的真相展示出来了。

真正的诗歌之所以是我们的导师，是人生博大的导师，就因为它们告诉了我们事情的本质真相。也许，有人会说在舒婷的诗中所呈现出来的中国女性已不再存在了，在今天的人看来，"蓓蕾一般默默地等待／夕阳一般遥遥地注目"，不是太傻了吗？或许，今天的实际状况正是如此，但这丝毫未曾降低那首诗中的爱情形象的价值。在艺术中，呈现的是真理，而不是事实。这就是我的回答。

当代艺术的特征

至此，我已反复述说了艺术与真理的关联，我们已经确认，艺术作品提供的是可让我们以心去静观的情感的形象，为的是在情感的形象中领会命运，发现真理。

这种说法，显然是为一切艺术作品提出了一个评价的尺度，然而，这个尺度在当代的艺术活动中看来并不适用。我们心目中的艺术，符合艺术与真理的关联的艺术，在今天似乎已经终止了。据我的有限的了解，当代的每一部艺术作品都好像是在自我立法。艺术评价方面的任何客观的尺度一旦被提出来，都会遭遇到嘲讽。

当代人正在用艺术做什么事情？我看，是做这样三件事情。

第一件事情是反叛，反叛传统的美学观点，反叛传统的审美价值。传统美学为创作提出过种种金科玉律，无一例外地在今天的创作实践中被打破。有时候，某些作品之所以如此这般地被创作出来，其目的仅仅是为了挑战传统。作品本身的全部意义系于挑战。例如，某艺术家将自己的老祖母放在一个维多利亚式的摇椅中推出来，这就算是一部艺术作品了，这真让人瞠目结舌。再如，人们在加利福尼亚的原野上铺上长达几公里的凸起的弯曲条带，而你必须坐在直升机上才可望看到其全景，这样的作品，同样意味着对于艺术作品的传统形态的反叛。

至于戏剧的传统也同样遇到了挑战。戏剧本应有人物关系的起始、矛盾冲突的展开、高潮的形成以及最后的结局，我们从戏剧中向来期待着这一切。但是，当代的某些戏剧，如荒诞派戏剧，使我们终于不知道它是从哪里开始的，也不知道矛盾和冲突是什么，既无悬念，也无高潮，然后竟莫名其妙地结束了，这样的戏剧彻底推翻了传统的三一律。

绘画呢？绘画在一个平面上也有它的高潮，即依据我们注视景物的习惯而在画面上形成一个焦点。在一个平面的画布上，我们画各种景物，它的焦点就在当中偏左的位置上，这是规律。如果你要突出地表现诸景物中的某一个对象，把其他景物用作陪衬或背景，那你就应当把这个对象放在中间偏左的位置，因为这是整个画面的高潮部位。现在的绘画则打破这一点，把高潮夷平了。在现代派的绘画中，你找不到任何高潮，你发现被描绘的每一个对象好像都同等重要，又同等不重要。绘画题材的选择也同以前不一样，以往的题材被区分出崇高与平庸，值得表现的对象与不太值得表现的对象，现在，这种区分消失了。我们发现塞尚是如此热情、专注地画一个普通的苹果，而在以往，这样的热情与专注是奉献给纪念碑或英雄人物的。由此可见，今天的许多艺术作品是为了反叛而存在的，它的全部意义就落实在反叛上。它们宣布了全部艺术作品都仅仅是个别的、自我立法的，没有任何普遍的原则可以作为创作的前提和标准。

当代艺术所做的第二件事情，是用艺术表现当代人的平庸和赤裸的状态。当代人已经从一切避难所中被抛出来了，传统的宗教、哲学、政治理想等等，都不再能成为他的避难所。他失去了一切精神的庇护，失去崇高的目标，一无遮掩。当代艺术抓住了这个真相作为主题之一，想要酣畅淋漓地表现当代人的无家可归和精神上的极度贫乏，心灵上的彻底平庸。于是，丑陋得到了公开的表现。我们在这样的作品中不再能够期待美的享受。在当代的不少作品中被表现的人或事物，常常是令我们恶心的。但艺术家们认为，这种情况恰恰是最真实的。这样的作品所具有的反叛性，并不是针对传统美学标准的，而是针对着我们这个时代。艺术家们认为，他们的任务就是要惊醒我们这些已平庸到了不知平庸的人。他们不遗余力地要显示当代人的全部丑陋，目的正是在于刺痛我们大家。

当代艺术所做的第三件事情，是艺术的产业化。这样的艺术是面向大众的，它服从于资本的运动，为大众提供文化消费品和娱乐品。它用一种精致的、高技术的现代手段来表现传统的审美习惯。它把古典艺术所积累起来的内容，用现代技术和适合当代人的口味加以重新包装，然后交给大众去消费。有人认为这种现象是一个进步，因为它打破了贵族对艺术的垄断，让一些伟大的作品能被大众普遍获取并更加易于接受。对这样的观点，我是不能同意的。我想问：如果安徒生的童话是通过现代的手段而到达我们的，这是对它的价值的一种获取，还是丧失？如果我们今天的中国人不是自己去阅读《红楼梦》的原著，而只是去观看对原著的改编，观看由导演们根据当代口味演绎出来的电视剧，甚至还可能只是"戏说红楼梦"，那么，我们究竟是获得了还是丧失了《红楼梦》呢？如果这样做的理由在于让古典的作品平易近人地走向大众，那么，这是一种伪善的说法，其实质，是为了资本的增殖而服务。在资本的逻辑中，这个时代形成了快餐文化、快餐艺术。我觉得这是一种悲哀。我们今天恐怕很少能发现一个中学生静静地坐在家中阅读托尔斯泰的《安娜·卡列尼娜》。这样的文学阅读似乎已远离我们，不再是我们今天的文化生活的内容了。

我们必将因此而丧失文学阅读所能给予我们的心灵的滋养。因此，我对当代的艺术产业化有一个批评的态度。

当代大学生的艺术修养

前不久，我收到一位同学给我发来的 E-mail，他告诉我，他们曾发起了这样一个讨论：西方古典音乐和当代流行音乐这二者，哪一个更适合当代的大学生？他们先用简单的举手示意的方式做调查，结果百分之八十的同学主张当代流行音乐。发邮件给我的同学是主张西方古典音乐的，希望我能支持一下他的立场。

我的观点是非常明确的：西方古典音乐更适合大学生。反对这个观点的主要根据，是说西方古典音乐太复杂了，听起来太累了，与当代年轻人的心性相去太远。当代青年更需要直接地、自然地抒发情感，而在这一点上，当代流行音乐是更加合适的，它能让我们轻松地获得心灵上的慰藉。这些理由当然能够成立，但我仍然要说，这样的理由与大学生没什么关系。

大学生是接受高等教育的。一个人如果想要得到最好的东西，总是需要付出努力的。西方古典音乐与当代流行音乐之间，一定有艺术价值上的差别。古典音乐是一个伟大的宝库。西方近代历史上的伟大的音乐家们把人生的各种境界，苦难与幸福，都真切地保存在作品中了，进入这样的音乐境界，怎能不付出努力呢？

我坚定地认为，当代大学生应当证明自己配得上最好的东西。自然，流行音乐有时候确实能让你在三分钟内就听得如痴如醉，但三个月之后,你是会把它遗忘的。流行歌曲总是如流星般划过音乐的天空。它们固然层出不穷,但也同样纷纷扬扬地坠落,甚至还来不及谢幕。

西方古典音乐中的作品就绝不是这样的。聆听这样的作品,需要耐心,才能慢慢地进入其中。当然,你没有必要硬逼着自己端坐在那里,你只要播放它就可以了。你每天听一些段落,突然有一次,在某一个段落中,你就被感动了。你需要的只是这样一个突破口,这是我的经验。例如,当我最初聆听勃拉姆斯的《第四交响曲》时,我确实觉得它很枯涩,有时候觉得不知其所云,但我并未自愧不如,并没有认为自己配不上这部传世之作。慢慢地,我就开始能听懂几句了,而后就是大段大段地听懂。所谓"听懂",指的是被它所打动,感到它是如此地美,而这种美的感受与流行音乐所给予我们的感受迥然不同。这是一个博大的世界的开启,而这博大的世界却也同时就在我们自己的心灵深处。作品的整体就此出现了,它的每一个乐句都充满了丰富的意味,其丰富的内容难以言表,所谓百感交集,正指此状!从此,这部作品就成了我们的一位知心朋友,他独具风采、胸襟宽广,而又情趣丰富、深沉有致。在我们漫长的人生道路上,他将始终能够同我们对话、交流,给我们的心灵以最深切的抚慰。

艺术在当代的使命

最后,我想要说的是,艺术在当代人类状况中必将承担起一个重大的使命，那就是重建真理。

如果说真理在今天已经流失在科学主义的态度中，流失在工具理性和相对主义的价值观中，那么，人类的出路在哪里？他将首先在哪个领域中重建精神家园？我的看法是：在艺术中。

我们必须承认这样一个根本的要点：重建真理，对于当代人而言，不再可能是从哲学出发的，因为整整一个理念的时代已经过去了。真理的重建，如今只能从感性出发。从感性出发，就是从艺术出发，在艺术中让真理重新呈现。这是艺术在当代的真正使命。我想，年青的一代在他们的自发的艺术创作中，将会或正在担负起这样的使命。当我们看到一些没有"艺术家"头衔的年轻人，在旧仓库中展览他们的绘画作品或雕塑作品时，我觉得这是了不起的事情，是一种可能富于希望的探索。

我曾经看过他们的一些作品，我发现：第一，他们没有传统艺术家的近代理念，没有这样一个干扰，这与其说是他们的缺点，倒不如说是他们的优点。第二，他们确实受过传统艺术的熏陶。第三，他们是全然从感性的心灵出发的，他们用自己的艺术作品来重新编织人生的意义。艺术在他们的创作实践中，是对人生意义的重新探讨，而不是用来追求可能得到市场承认的审美价值的。他们用艺术来表达对生命的感悟，虽然这些感悟目前还只具有个别的性质，还远未形成普遍的感召力，但是，每一个时代的艺术，在其起步之时总是这样的。它也许已经透露出了未来的信息？谁知道呢？

历史上的情况从来如此。比方说，在"文革"结束、"四人帮"被粉碎之际，在中国诗坛、文坛、画坛上出现的一些新作品，都是自发地、不可阻挡地涌现出来的，尽管当时政治的压力尚未消解，这些作品却已开始透露出一个即将到来的新时代的信息。古今中外，都是如此，这无可争辩地证明：艺术是真理的原始发生。我想，在今天的中国，凡真正热爱艺术并从事艺术的人，应当坚决地摒弃一切追逐时尚的态度，因为这种态度正在毁坏着我们的艺术的光明的未来，它把艺术降格为生活中的娱乐，或者变成一种猎奇心理的满足。艺术本不是这样的东西。艺术是真理的事业，它进入一个民族的命运。

做我们时代的民族脊梁

各位同学：

在这庄重的研究生毕业典礼上，我很荣幸也很高兴有机会在此作一个发言。

我首先要祝贺各位同学经过多年寒窗的甘苦，终于取得学业的成功，作为一名复旦的毕业生，踏上了人生的新起点。

我想起了宋代词人柳永的一句词：多情自古伤离别，更那堪冷落清秋节。当然，此时并非清秋冷落的时节，而是充满了盛夏的热情。但是，各位在座的毕业生即将告别母校，告别老师，告别同学，伤感之情还是无以阻挡地袭上了心头。这份情感不仅属于同学，也属于老师。虽然我们不应当陷入感伤主义，不过，在这个比较坚硬的年代里，这样的师生之情显得格外可贵。

离别在即，在真诚的祝贺之后，我很想借此机会跟各位同学讲一讲我内心的一些想法。这些想法是有关对我们的时代的理解的。

我想说的第一个意思，就是想要提醒各位，不要急于求成。在市场经济全球化的时代，资本的逻辑造成了一种进步强制，几乎把每一个人都置入了不断竞比的轨道。这是一个坚硬的现实，几乎无法躲避。但是，我们既然是从一所有着深厚的精神传统的大学毕业的学生，我们总还能对于这种外在的进步强制建立起一种比较自由的关系。我们曾经在这里做过学问，我们已经理解到学问进展的基本条件恰恰是内心的自由以及因为内心的自由而产生的持久不懈的努力。

我想说的第二个意思是，我们不要害怕平凡。当然，每一个复旦的毕业生总是志存高远，追求卓越。但是，我们的志向并非直接地就指向物质财富的拥有或较高的职位的获取。我们所追求的卓越，也不是某种外在的辉煌。我们通过研究生阶段所掌握的学识，本来就与一切外在的成功没有直接的联系。我们养成的才、学、识、德，乃是思想的视野和心灵的力量。在我看来，这才是我们获得的学位所具有的真正含义。硕士也罢，博士也罢，它们并不是标示一个未来的成功者的符号。我们手中掌握的财富之多少，我们所获职位之高低，都不足以充当衡量我们的人生是否成功的尺度。我们可能依旧平凡，但只要我们在平凡的社会角色中所从事的工作，正在真实地积累起我们民族的光明的未来，我们的心灵就是伟大的。我们可能没有成为社会的精英，但我们应当成为民族的脊梁。真正的伟大属于心灵。今天，也许有人会把这看作一个弱者的自我安慰，但实在说来，这却是信念之力量的体现。在财富、地位与信念这三者中间，真正难得的，也是真正重要的，是信念。唯有信念，才始终给我们以内心的充实和对于人生沉浮的超然态度。

得失交错，祸福相倚，是人生常态，我们的喜怒哀乐之情往往随之起伏波动，但这不是一种很好的人生状态。比较好的人生，是建立在信念的基础上的人生，在这样的人生中，我们不以物喜，不以己悲。

我想说的第三个意思是，我们要敢于创造。唯有创造才是真正的青春所在，创造是我们这个民族在今天最为需要的品质之一。我们处在一个充满挑战和机遇的时代，但也处在一个充满了困难的时代。最大的困难，来自传统价值的解体和新价值的暂付阙如。在这样的状态中，心灵难以找到家园。没有家园的心灵，是没有创造力的。哲学因此在今天成了每一个人的事情。哲学在今天的主题可以形象地概括为这样一句话："怀着乡愁寻找家园。"乡愁就是对故园的记忆，正是靠着这个记忆，我们才得以在现代性的状况中保持对真理的感悟和对未来的想象与筹划。尽管对故园的记忆还不足以为我们开辟前进的道路，但它为我们提供了一个路标，让我们始终记得那样一些朴素的真理，属于大地的真理，我们从中形成真实的理想和力量，并用自己的生命奋斗让它们在今天结出新的果实来。这就是我对传统与创新之间关系的理解。

各位同学，作为教师，我在此还要表达我对同学们的深深的感激之情。感谢同学们和我一起度过的美好的时光：在研讨班上，在学术沙龙中，在3108教室里。这一切都无法忘怀。我们已经把刚刚逝去的那一段时光，凝结在了严肃认真而又饶有兴味的学术探讨中，各位所完成的硕士论文和博士论文就是这种凝结的证明。这些学位论文，代表了我们曾经一起处于其中的生存场，我们在其中领会存在、守护思想。思想是什么？思想就其本源而言，并不是逻辑的推论、范畴的思维，而是感谢——对存在的感谢与铭记。或者说：怀着感激的心情铭记存在。

这种感谢与铭记,构成了我们大家今后的人生奋斗与过去的时光之间的内在联系。也正是在这种联系中,我相信,复旦的每一个毕业生都能够展开自己精彩的人生,这样的人生与我们民族光明的未来相一致。

谢谢大家!

当代文化状况与中华文化之生命

我们对时间有一种真切的感觉,这种感觉不能用钟表的均匀的滴答声来描述。这种感觉另有根源,涉及我们的终极关怀。终极关怀起自我们意识到个人存在的根本的有限性和渺小。由于终极关怀,我们自然会关注和反思我们身处其中的时代——我们差不多都将在如此这般的一个时代里度过自己有限的一生。

因此,我们今天要来谈谈我们时代的文化状况。这样的题目很大,要把当代文化状况说清楚很不容易。另外,还要谈一谈"中华文化之生命",那更是一个大的题目。我斗胆地来说几句,只是力图把这个题目的核心说出来。

当代文化的大众化

我们今天所处的当代文化,是以西方文化为主导的、仿佛正在全球化的文化。这个文化的基本特征之一是它的大众化。

大众文化,比起贵族文化,应该算是一个进步吧?但是,正如古希腊的"晦涩哲人"赫拉克利特所说的那样:上升的路与下降的路，是同一条路。这就是说，在进步中同时包含着倒退。

我曾经观看过一张碟片，它记录了某年在日本的一个被废弃的机场上举行的一场大型演唱会，是一个日本的世界著名的演唱组在那里演出，几十万人聚集在那里。演唱组所演唱的歌曲并没有打动我，除了歌手们激烈的动作让我觉得眼花缭乱之外，我并未听到感人的旋律。但是，我却看到在场的听众大多被感动得泪流满面，如痴如狂。场面本身极为感人。我觉得那已经不是一场艺术演出了，差不多是一个宗教场面。当时我很不理解。后来读到了阿多诺（Theodor W. Adorno，1903—1969，德国法兰克福学派思想家）在其《美学理论》一书中谈到的这样一个现象：大众文化如今到处都供奉着他们的偶像。根据阿多诺的叙述，我的理解有两点。第一，今天的艺术已同艺术的历史之间有了一道深深的鸿沟。今天的艺术创作、艺术表演已同古典的审美理想、审美原则毫不相干，它成了一种使每个人都能充分参与其中的群众活动，其内容则是当代人的非常原始的情绪的直接宣泄。第二，大众的艺术偶像其实是无数崇拜者借以满足自我认同感的代言人。他（或她）的演出，其实是崇拜者们的自我在歌唱。由此可以推出一个简明的结论：今天，人们需要的是承认平凡的生活本身，承认生活中的哪怕是极为琐碎的烦恼与欢乐。我们需要认同平庸，我们不能把平庸与崇高对立起来。我们必须取消价值等级中的崇高与平庸的差别。这一切，都使得今天的大众艺术在它的创作目标上与整个艺术史的传统背道而驰。

需要说明的是，在我的这些表述中并不包含褒贬，也不包含对大众艺术进行批判的理由。我们的任务首先应当是准确地理解它。现在，我把我对它所达到的理解概括为这样一句话：大众艺术是我们这个时代所需要的"当代巫术"。

巫术曾经是艺术的发源地，曾经充当了原始人类的集体生命情感的发动机。到了二十一世纪的今天，在这个"高度文明的"时代，我们却仍然需要某种巫术来给予我们的心灵以动力，赋予我们的生活以热情。这种现象有其深刻的根源。在资本逻辑与科学理性的协同作用中，当代社会有如一个巨大的秩序井然的机器。我们今天在复旦大学念书时，还未进入这个机器之中，我们多少还有一点精神的自由和闲情逸致。但是，在不远的将来，我们就将卷入这架机器中去，无论我们是小职员还是高级白领，我们都将在一种强有力的效率原则的支配下生活。我们作为"人才资源"（而不是有个性的人），将被注入一个钢筋混凝土般的社会现实中去。于是，我们终于需要一个出口，让我们被压抑了的生命情感有得到宣泄的可能。这个出口，就是大众艺术——我把它称为"当代巫术"。

在这种巫术中，我们拥有崇拜的偶像，我们与我们的偶像一起陶醉，一起狂欢，以便恢复我们的精神力量，再度返回到冷漠而又强大的社会机器中。其实不仅是大众艺术，即便是在今天对体育竞赛的观看之中，我们一样能够找到与此类似的巫术效果。这就是说，无论是在大众艺术的表演中还是在体育竞赛的场合中，我们都发现了一个共同的现象：偶像崇拜。

古典的人生理想的消失

今天，我们固然已在政治的领域中驱除了对政治家的偶像崇拜，却又在大众艺术和大众体育中重新树立了偶像，而且，崇拜的狂热程度绝不亚于以往在政治领域中的情形。这种现象意味深长。如果说对政治领袖的崇拜多少还意味着对参与某种崇高事业的热情的话，那么在今天，崇拜者的热情已不再指向某种向上攀登的崇高目标。这说明，一切古典意义上的人生理想都已消失。

现在，就让我们来探讨一下古典理想消失的根本原因。

近代以来的人类状况，正如培根的那句名言所表达的那样：知识就是力量。人类以抽象的理性，即概念和逻辑的力量而自豪。人类凭借这种力量征服自然，同自然界的创造力争奇斗胜，把整个地球包裹在一张由机械技术和信息传播技术所构成的大网之中。人类看到了自己在物质领域里的全面的胜利进军，并且过上了有史以来最富足的物质生活。当然，这种物质上的富足，在不同的民族以及不同的社会阶层之间是并不平等的，地球上仍有一部分人在忍饥挨饿。但总体来说，我们在物质生活资料的获取上所赢得的自由是空前的。与物质财富的这种空前增长相伴随的，是我们失去了谦卑的态度，失去了对某种神圣事物的敬畏之心，其基本原因是科学理性的广泛胜利。我们终于认清了我们身处其中的宇宙是一个纯粹物质的宇宙，这个物质的宇宙可以用科学的原理和定律来安排和处理。

然而，一个物质的宇宙，对于人的痛苦和命运是毫不关心的。在这个抽象的物质宇宙之中，人感到了无限孤独，这种体验在今天的西方世界中被表现得最为深切。在二十世纪的西方现代派艺术中，许多艺术流派的作品都是对这种体验的直接表达，例如荒诞派戏剧。荒诞派戏剧的根源在哪里？让我们用加缪的话来说吧。加缪在《西西弗斯神话》中写道："一个可以用哪怕是不充分的理由来解释的世界，是大家熟悉的世界。"

这是在讲以往的时代，比如以基督教来解释的世界，当然，解释的理由并不充分，但是被如此解释的世界，倒是欧洲人所熟悉的一个灵化了的世界。加缪接着说："在另一个方面，在一个突然失去了光亮的世界中，一个人就会感到自己是一个异乡人，一个陌生客。他的流放无可补救，因为他被剥夺了故园的记忆和对热土的希望。"

的确，我们没办法对这个失去了光亮的物质的宇宙寄托一种"热土的希望"，这是讲得比较根本了。因此，他说："在演员和他的背景之间，在人和他所处的宇宙之间就处于一种荒诞的联系之中。"这就是说，在一个物质的舞台背景中，舞台上的人仍想证明自己不仅是物质的东西，而且是精神的存在。这种成为精神存在的要求，显然就与它的物质背景之间处于一种荒谬的关系之中，这就是荒诞派戏剧的起源。

如果我们把加缪的意思作进一步的引申，我们还可以讲这样一句话：在当代状况中的每个个人，在自己的人生境遇中感到自己是一个孤独的局外人。这个人生本应是他自己的人生，但他觉得自己是自己的人生的局外人。他的人生道路不是由他对人生的理想所安排的，他的生活是被一种外部的强大的异己力量所安排的，所以，这人生不是他自己在过。我们这样来讲当代状况的根本性质，是不是准确？大家可以思考、体会。

在当代社会与古典世界之间，有一个十分明显的反差。今天，我们若翻开一本创作于以往时代的人文典籍，我们会发现书中所说的东西与我们身处的现实之间是脱节的，我们的生命感受同以往的人文作品所传达出来的生命感受之间有一个巨大的差别，一个很深的鸿沟。

我想，这就构成了当代文化状况不得不经受批判的一个重要理由：它与历史的脱节。历史是不是在我们这个时代终结了？在丧失了深厚的历史感的情况下，我们这些在人生中的孤独的局外人，能否重新编织人类生命的意义？这是当代文化状况中的一个核心问题。

科学主义与资本逻辑

我们在今天之所以要强调人文精神，是为了反对科学主义。

反对"科学主义"，不是反对"科学"，我们要区分这两个概念：一个是科学，一个是科学主义。科学本身没什么错。科学如今已经渗入了我们生活的方方面面，按照马克思的看法，这是有非常积极的文明意义的。但是我们反对科学主义。科学一旦突破了自身的意义范围，承当起对人生意义的诠释，其结果一定是人的异化、物化。今天，科学主义与资本逻辑已经联合起来，扮演了当代社会中的意识形态角色，它们共同执掌了对人生目标的解释权，对整个社会和社会中的每一个成员施加了进步强制——你每天都要进步,整个社会,整个民族,必须不停顿地前进,永不停息地追求效率,以便不断地在一个更大的规模上有效地控制自然世界和社会世界。其实就是当代所谓"进步"的真实内涵,这个进步原则是由资本赋予我们的时代的。

"资本"是这样一种东西:它必须不断增殖,一旦停止增殖,它就不再是资本,而只是"消费基金"。不断增殖,而且必须保持一定的增殖速度,这就是资本的生命活动。资本增殖的生命活动,要求整个社会按资本运作的需要高度有效地组织起来,而这种社会组织的有效性目标,居然直接地就被看作社会进步的尺度。其重大的结果之一,就是我们的文化生活也被卷入了这样一种进步强制之中。

今天,我们遇到了消费文化。在双休日或黄金度假周中,我们拥有了闲暇。马克思曾经对"闲暇时间"寄予很大的希望。他认为,资本主义生产的一个方面的伟大的文明作用,就是极大地提高了劳动生产率,从而使得工作日缩短了。工作日的缩短具有重要意义,因为,闲暇时间的获得,就为每一个人自由、全面地发展自己打开了空间。然而实际情况却是,我们的闲暇时间并没有成为个性自由发展的空间。这个"空间"仍然是资本的对象。那就是文化产业。

在闲暇时间里,我们被文化产业的资本所支配。资本把我们的文化需要和文化消费的方式也生产了出来。例如,我们在一定的程式之下进入某一个地方旅游。在旅游公司的组织下,到达某一个景点,短暂地停留一下,拍完若干张照片之后,就奔向下一个景点。在这样的旅游中,我们完成了各种规定动作,心满意足地回家。今天还有各种新奇、时髦的文化产品供我们消费，我们观看F1，进入"嘉年华"，等等。篮球或足球的比赛也成了一种文化消费的样式。凡此种种，填满了我们的闲暇时间。在文化产业对当代闲暇时间实行全面侵吞的过程中，人类生命感受的非精神化进一步加剧，我们的心灵正经历着一个沙漠化的过程。

为什么说这是心灵的沙漠化？是否有点危言耸听了？用现代科学理性武装起来的当代人，不是都很聪明、很有技巧、很能处理各种麻烦吗？的确如此。不过，这只是头脑功能的发达，而不是心灵的丰富和具有力量。头脑能处理的是烦恼，而非痛苦。痛苦在心里，而不是在头脑里。我们要区分烦恼与痛苦，区分头脑与心灵。凡痛苦，都涉及命运。

例如失恋就是一种痛苦，而不是一般的烦恼。某人若失恋了，却并不痛苦，这其实就根本不能说是失恋，因为他原就未曾真正进入爱情。倘若我们走路不小心，被一块石头绊了一下，跌倒后爬起来继续走，这就不叫"痛苦"，只能叫"烦恼"。失恋可不是这种情况。在失恋中你感到心里很痛，想找人说话，找一个知心朋友倾诉一番。朋友会设法劝慰你，让你把这事放下。他怎么劝呢？其实很难，不知如何说好。终于，他说了这样一句话：你要知道，天涯何处无芳草。听了这话之后，你的头脑认为这完全正确，因为符合逻辑。他这句话诉诸你的理性，理性完全能够证明这句话是正确的。所以，你就决定把这事放下。但这个决定却是你的头脑做出来的，你刚做好这个决定，一阵难受又涌上心头，恰如李清照所说，"此情无计可消除，才下眉头，却上心头"。所以，那个朋友的忠告对你其实毫无用处。我举这个例子是要说明，科学只是诉诸我们的头脑，但它从来不可能照料我们的心。

科学训练我们的头脑，却把我们的心扔在一边。但是，心是扔不掉的，当我们遭逢与命运有关的事情，它就真实地在场了。心灵的难题无法用数学公式来解决。个人是如此，一个民族也是如此，这样也就必然地将我们引向对民族文化生命的讨论之中。对民族文化生命的讨论，就是探讨一个民族的文化精神，探讨这个民族安心立命的根本。

中华文化精神的位置

头脑与心灵的区分，其实就是理性与生命情感的区分，是理性与生命体验、生命感受的区别。今天我们在用"经验"这个词时，心中之所想受了西方思想很大的影响：经验就是有待于上升为理论的"感性认识"。但是，这只是在认识论的范畴内谈论经验。人类本有一种更为重要的经验，你也可以把它称为"体验"，它无法纳入数学公式进行讨论。"体验"是心的生命感受。心是什么？人类心智（human mind）是什么？心智有两种能力，一种是对外部事物形成感觉、知觉和表象的能力；另一种是我们形成概念、做出判断和推理的能力，那叫"理性"。我们往往在西方近代思想的前提下认定：人类心智的最高能力是理性。但这种认定是不正确的。在这种认定中，中华文化精神的境界就会被遮蔽掉，我们会以为最好的文化就是理性主义的文化。而按照理性主义的尺度，我们会把中华文化放到一个较低的位置上去。

今天中国的现代化进程，看来正走在这样一个方向上，我们普遍地崇扬理性主义，疏远了本民族的文化精神。我们力图将科学理性在我们的社会生活中加以普遍地运用，依靠科学的理性来建构社会关系。我们的头脑早已受到了科学的训练，我们早已习惯于把"科学"一词用作"真理"的同义语。在这种集体无意识之中，我们回避了一切有关"心"的问题。

在这种情况下，人文学科不可避免地被边缘化了。

它有两个方面的"边缘化"。第一方面的边缘化，是指人文学科受到实证科学的排挤。第二方面的边缘化，是人文学者的自我放逐，即把人文研究尽可能地等同于科学研究。我们写一本史学著作，似乎就是为了给读者以最准确、最可靠的历史知识；我们写一本语言学著作，就是为了把语言现象纳入科学的范式和框架里进行处理和讨论；我们写一本哲学著作，就是为了把历史上的哲学思想以一种非常清晰的逻辑来重说一遍。在这样的"人文研究"中，人文典籍不是被保存了，而是消失了。

在基础教育的领域中，情况也是如此。若我们在中学里听一堂语文课，面对课本所选收的文学作品时，我们就按照语法学和修辞学的手段把课文进行肢解，条分缕析，然后要求学生逐条记忆。在这样的语文教学中，真实的、原本有生命力的作品消失了。这其实正是人文精神的放逐。

我在这里要强调，humanities这个词不能翻译成"人文科学"，因为这些学问并非"科学"。比如我们研究《红楼梦》，是不能用科学的方法的。我们固然可以用计算机来计算某些词语在整部《红楼梦》中出现的频率，拿它和其他一些词语出现的频率做一个对比。但是，这样的方法只有极为有限的价值，不足以从中产生出对这部小说的思想境界的阐发。

我在这里要继续使用那个象征性的说法，即人文学问并不同我们的头脑有关，而是与我们的心灵有关。我这里讲的心灵，是指人类心智的最高能力，即一种感悟和想象的能力，一种感悟超越性存在、提出生命理想的能力。

再以失恋为例。你可以把失恋看成一个经验事实，因为，的确是具体的张三与李四的恋爱中断了，但这个"中断"给失恋者的痛苦是什么？失恋者感受到的，不仅是具体的某人的离去，而是爱情的离去，后者才是痛苦的真正根源。爱是一种超越性存在。失恋给予我们的痛苦，源于我们与超越性存在的脱离。因为只有在超越性存在中，人心才突破有限而通达无限，在个别的经验中通达其超越的意义。正是这些超越的意义，才构成了人生的价值。我们在爱情中可以安顿我们心灵的依属感。倘若我们凭借"理性"就足够强大，并且进入了无限的话，我们就不需要爱情了。当爱真实地发生时，就是一对恋人的彼此相属，在相属的过程中，他们获得了生命幸福感，获得了人生本真意义的呈现。因此，失恋绝不仅仅是一个可以用理性去描述的经验事实。

一个从未恋爱过的人，就是一个从未感受过孤独的人。当然，他或她，曾经感受过孤单、寂寞，然而这与孤独不是一回事。例如《红楼梦》中的林黛玉，虽然身边有很多仆人、丫鬟，但她感受到孤独。贾宝玉也是，上有老太太、太太的关怀，身边有一群姐妹和丫鬟，成天在一起，很是热闹，但是他自从与林黛玉相爱之后就孤独了。按科学理性看人的恋爱，就看到了一种病症：爱情是病，也可称为"魔障"。但这魔障是无法用理性来驱散的，正如你找不到一本《科学指南》可以帮助你排解失恋的痛苦一样。

中国哲学思想的主题，是从人类最真切的生命感受和生命情感中，阐发出普遍的真理。因此，读中国哲学典籍的感受，就与读西方哲学著作大不相同。西方哲学诉诸的是人的头脑，教你跟着柏拉图或黑格尔去思辨，由一个范畴推向另一个范畴，一步步推下去，逐渐形成一个范畴的体系，直到体系最后完备。这是对头脑的高级训练，但仍然与心无关。

对于中国哲学典籍，有两种研究方法。其一，是把它们作为哲学思辨的学说来研究。根据范畴来理解孔子、庄子。我们现在有些中国哲学史的著作就有这样的特征，这是在西方哲学的框架中解释中国哲学典籍。这种解释的损失是很大的，因为这是使中国哲学从属于西方哲学的范式。其弊处有：一、遮蔽了中国哲学的真实境界；二、丢失了中国典籍中对"心"的讨论、对生命情感的普遍真理的展现。

从生命情感出发阐发普遍真理，是中国哲学一开始就走的道路。例如孔子的"仁"，万不可把它当作概念来看，它并不是一个可以对之下定义的概念。《论语》对"仁是什么"有种种的说法，但说的都是我们生命情感中的普遍真理。凡是孔子在《论语》中讲的道理，无一不是从我们的生命感受出发的，而不是从理性的逻辑中推论出来的。

如果以这样的一个基本理解来看中国先秦时候的哲学著作，你就能进入当时各家各派的思想。庄子的著作也不是概念、判断、推理，你也可以把它们看作优美的文学作品。庄子讲普遍真理，也是从我们的生命感受来讲，但他的重点不是在人与人之间的道德关系上，不是教我们有"德性"，而是教我们得人生的"自在"。他也不是空讲道理，也是从我们的生命感受出发的。倘若你能这样去读庄子的著作，你的收获一定会很大。

孔子也罢，孟子也罢，庄子也罢，老子也罢，他们留给我们的哲学典籍，都是阐发我们中国人的生命情感的真理，让我们的心灵得到滋养。在读这些典籍时，重要的是感悟，而不是逻辑上的推理和思辨。感悟的基础是我们自己本有许多生命感受，因为我们活在这个世界上，我们也有性灵。所以，我们在感悟中国古代贤哲所讲的道理时，就是在感悟我们自己的生命。这是同一件事情。

不要把阅读人文经典看成同现实脱离的事情。我们读人文典籍时，就在读我们的生活。如果没有人文典籍的帮助，你也在读生活，但是境界比较狭隘，常常流于就事论事。我们确实要读人生这本大书，但别忘了这样一点：我们在今天已经成不了像古代贤哲们那样伟大的思想家了。经过漫长的历史过程，我们今天的文明已经非常精致化，我们有各种各样的聪明技巧。文明越是精致化，越会遮蔽智慧的境界，在当代文化状况中更是如此。所以，我们应当万分珍惜古代的人文典籍。

现在我们再回过来讲"心"。

在训练头脑和滋养心灵这二者之间，今天的时代多注重前者，忽略后者。我曾与某杂志的编辑有过一番讨论。他说，他们的杂志要开辟一个新的专栏，针对现在的职业经理人，为他们开设心理咨询栏目。据他说，这些职业经理人虽然都是成功人士，职位晋升，薪水增加，但是心理压力越来越大，以至于有相当高比例的人存在心理障碍。我跟他说，这样的专栏没什么用，实际上他们并没有精神疾病，他们的问题是"心"的问题。

心的问题不可能依靠心理学来解决，因为心理学是关于心智现象的科学。试想，如果你失恋了，一部《爱情心理学》能帮助你吗？当代人总想用一种聪明和技巧，或者一系列科学的知识与方法，把自己武装起来，以对付各种烦恼，包括对付我们的心的生命感受。这种愿望从一开始就极为荒谬，是现代性病症的表现。

根本重要的事情，在于滋养心灵。养心是难的。在现实生活中顺利地度过一生的人少之又少，我们总会有坎坷，当命运中的坎坷到来时，我们心灵的力量面临着最大的考验。养心靠什么？靠我们所属民族的文化精神。如果一个民族足够伟大，有悠久的文明、伟大的人文典籍，这个民族的成员就是有福的。中国人民是有福的。如果我们对这个"福"视而不见，而以世界公民自居，岂不可悲？

我今天所讲的，是关于中华文化之生命的讨论。我们不谈中国文化的各种风俗习惯，我们究竟是穿旗袍还是穿别的什么，我们不谈这种意义上的中华文化。至于中华文化思想被引为政治制度安排之根据，这种历史上的情况也已经消失了。但是中华文化的生命没有消失，其生命力的核心在于：

<u>它是一种能为我们的心灵建构精神家园的文化。</u>

我们今天生存于其中的世界，在其外观上已成为一个技术的

世界。这个世界呈现给我们的绝大多数的感性形式是技术，锃光发亮的金属、机械的构造等等。于是，现在的艺术家们就用技术的感性形式来抒情，我想这就是后现代艺术风格进入我们日常生活的根本原因。我们承认"我们在技术的世界里"这样一个事实，我们在这样的世界里还努力地要成为精神存在！如果技术是统治我们的，那么就让技术来抒发我们的情感吧，假如我们多少还有一点生存情感的话。

所以，倘若你在街头突然看到这样的雕塑——它绝不是人物形象，而是一个莫名其妙的金属的东西，以如此这般的曲线弯了一下，就放在那里——不必奇怪。尽管你永远不知道它在说明什么，但你至少知道它在抒情。还有一部作品是这样的：有许多个齿轮，用链条连起来，盘旋环绕，由下到上，赫然耸立。它象征了我们所处的周遭世界。

如今，后现代的艺术风格已不仅仅是艺术家的专利了，它正逐渐进入大众的审美意识，这表明我们都已彻底承认了这是一个技术的世界。我们需要在这样一个物质的技术世界里建立起家园的感觉，这便是后现代主义艺术的目标。

正在后现代主义艺术大行其道之时，中国古代的艺术也突然再度显示其魅力。西方人一旦打破古典主义的艺术观，他们就能发现中国艺术所展现的另一种世界、另一种心灵。比如中国古典的绘画，特别是其中的写意画，空灵洒脱，而又意蕴深远，这给他们很大的启发。当然，他们想把这种写意风格引到后现代主义的方向上去，不过他们确实在其中吸取养料。就在他们吸取中华民族的艺术养料的同时，他们也就同时在领会着我们这个民族的"性灵"。

"性灵"这个概念，究竟何义？若用现代汉语来说是非常困难的，因为在现代汉语的背后有西方概念。若我们勉强释之，它指的是"在感性中超越有限性"，这是拿西方的概念说话。所以，当代西方哲学之困境，也是我们的困境。"性灵"之观念，在中国思想中源远流长，值得我们去好好地研究一番，但研究之时绝不可照搬西方的概念体系。所谓"在感性中"，就是说它虽然超越，但还是和物在一起。但它又不是停留在物本身里面，它与物既相接又超越。性灵的充分的表现是在艺术中，艺术就是在感性中通达无限的，没有性灵的力量，哪有艺术作品？说它是感性的，即说它虽然超越但与大地关联。与大地关联，是至关重要的一点。理性主义把我们的心高抬得脱离大地。资本主义的生产就是把自然界当成有待于技术理性去处理的一大堆质料。所以，尼采在《查拉图斯特拉如是说》里面提出了警告：要保持对大地的真诚。

对于作为"性灵"的心，西方人也并非完全没有认识到，只是这从来不是他们的思想的主流。马克思就已领会到：在整个历史的基础中，真正起作用的是"感性意识"，而不是理性，也不是经验主义意义上的"感性认识"。他所说的感性意识，略相当于我们在这里说的性灵。至于海德格尔，他直截了当地称我们讲的性灵为"思"。这个"思"和那个 poem（诗）统一，"思"与"诗"统一，poem 是感性的。所以他主张我们应回到思想本身，不要在概念之思中遮蔽了"思"。思想作为思想，乃是对存在的感激和铭记。他的这个思想，使西方哲学终于走了一条可以与中国思想会通的路，我们依稀可见的希望仿佛出现了。但是，海德格尔晚年还是很悲观，他问自己："是否中国的某种思想的复兴，或俄国某种思想的复兴,可以帮助我们当代人对这个世界赢得一种自由的关系?"

谁知道呢,我们知道吗?但不管怎样,我们中国人应当把这个使命承当起来。这也是我们民族的当代命运所要求的一种承当。欧洲文化的自我拯救,与我们中国人对命运的承当是同等重要的。海德格尔认为,欧洲人的自救更为重要,因为当代世界的异化是从欧洲起源的,一种东西从哪里产生,就应该从哪里找到它的自我扬弃的根据。这是海德格尔的想法,这个想法固然很对,但是,整个人类思想史告诉我们,欧洲文化的自我拯救,仍然需要别的民族的智慧来启发。

中华文化之生命的自我拯救,有两个任务。第一步的任务,是要完成中国社会生活中的启蒙,即在中国大地上形成普遍的独立人格。第二步,是要以中国文化精神去克服现代性的病症,扬弃资本对人的感性生命的异化。这两步任务的实行,都要求返回中国思想本身,在中西文化精神的根基处展开对话和会通。

以上这些就是我要讲的基本内容,供大家参考、讨论乃至批评。

两种真理

我刚才在看同学们播放的讲座屏幕。在屏幕播放的同时,就有音乐了,我一下子感觉到音乐来了,艺术来了。当然,刚才的音乐好像只是陪衬和装饰而已,但是,音乐进入我们的心灵恐怕比学术的概念更加深刻。

两种真理:逻辑与体验

我想说的第一句话是:人生应当有癖好。没有癖好的人生是不完整的。癖好有种种,我认为人生最高的癖好应当是艺术和哲学。这里讲的"哲学"是广义的。各位若学的是物理学,假如在物理学的基础领域里进行思考,就跟我差不多是同行。研究理论物理学,也是一个很高尚的癖好。今天,人们拒绝用高尚和低微来区别事物,但我还是相信有高尚和低微的区分。一个艺术,一个哲学,都在高尚的癖好之列。哲学代表一种认识的兴趣,但是哲学的本义倒不是"认识",而是"爱",叫"爱智慧",这是philosophy这个词的本义。这个本义经过苏格拉底之后,特别是经过柏拉图主义之后，就被转变了，哲学变成一种满足纯粹认识之兴趣的理论活动了，所以我们很难说它是"爱智慧"，哲学在欧洲往后的发展中背离了它的初衷。

那么，对智慧的爱保留在哪里了？保留在艺术中。艺术应当叫"爱智慧"，"爱"是情感。我在这种说法中，实际上是把艺术与智慧联系在一起了。艺术和真理关联，倘若我们到真理的境界中去，我们就有智慧。所以，就"哲学"这个词的原义而言，艺术的合适的名称倒是philosophy——爱智慧。

我不愿意仅仅在理论的思考里过自己的心灵生活，我始终需要艺术。对于我的心灵生活来说，这是一种非常必要的补偿。为什么？

在人的世界里，有两种真实性：一种是逻辑的真实性，科学在这方面展示整个世界的真实性。科学因为展示这个世界的逻辑真实性，就可以帮助我们趋利避害。还有另外一种真实性，这种真实性是对世界之构成的体验的真实性，我们体验什么？体验这个世界的原初构成。体验的真实性怎样展现出来？通过艺术。科学不可能展现这种真实性。关于这个道理，尼采说了再好不过的话，他说："我们通过科学从事物中发现的东西是先已被我们塞到事物中去的东西，塞进去叫艺术、宗教，重新把它捡出来，那叫科学。"我读到尼采的这一段话时，觉得他是在西方思想史上第一个准确地说出了艺术与科学的关系的人。

我们是否相信尼采的这样一个判断？即，艺术与科学并不是毫不相干的，艺术先把某种东西塞到事物中去，然后科学再把先已塞进去的东西重新捡出来？在座的有不少是理科的学生，肯定对这样一个判断感到非常困惑。科学所发现的，乃是世界自己的真实性，世界的本来真相。我们哪怕不去这样描绘它，世界本来也如此。所以，科学家相信唯物主义，相信自己研究的科学的客观性。但是，尼采说出了更深刻的道理。我们之所以如此这般地认识世界，关于世界做出了科学的理论，其前提是什么？前提是我们的心是这样想整个世界的，是一种伟大的想象力才让这个世界可以被认识。这一点，各位是否同意？古希腊的哲学和古代中国的哲学，都是伟大的想象力的产物。这种伟大的想象力，和艺术在本质上是相同的。我们不能说，毕达哥拉斯的宇宙观是一种经验认识的结果。我们应当说，毕达哥拉斯的宇宙观是一种伟大的直觉和想象的产物。毕达哥拉斯的宇宙观是什么？是数的宇宙观。他把这个世界理解为一种服从于数的关系的结构。数是世界的本原。数的和谐的关系，乃是这个世界的内在结构。正是因为这种思想，才使今天的自然科学成为可能。

在自然科学中，我们把自然状态放在数学公式里面描述，如此，我们才认为自己获得了确凿的科学知识，这种要求以物理学为典型。但是，正是在毕达哥拉斯的伟大的想象中，才形成了这样的要求。毕达哥拉斯把宇宙描绘为一个巨大的百音盒，他用音乐来比喻宇宙的结构。为什么音乐是和谐的？因为数与数之间的特定的比例关系造成了这种和谐。乐音之间的比例关系正是一种数的关系。他从这个方面来领会整个宇宙，为欧洲往后的自然科学的诞生准备好了思想前提。

科学代表了人类心灵的一种能力，艺术则代表另一种。科学所提供的真理是逻辑的真理，它来自我们心灵的一种形式抽象化的能力，我们用一种抽象的形式，去描述和整理世界；另一种真理是艺术的真理，它是我们的心灵的想象力的产物，我们用心灵的想象去感受世界的原初构成，超越感觉经验而去重建世界。

注意：在这里，不是整理世界，而是重建世界。我们人类唯独在艺术的领域里，才真正地重建世界。在科学的领域中，我们只是描述和整理世界。因而，对于艺术品，对于真正的艺术作品的意义，我们绝不可小看。

于是，就有两种真理，即两种 truth（真实性）：一种是逻辑的真理，一种是体验的真理。

如果我们追问：毕达哥拉斯的伟大的想象力来自哪里？回答是来自体验。体验什么呢？毕达哥拉斯不是从上天降临到古希腊城邦的一个神，他绝不是神，他是人，一个普通的人，其实和我们大家没实质的差别。这个人在哪里？在生活中。他是在生活中体验的。道在生活之中。他在体验中不是做了一个文学家或戏剧家，而是做了哲学家，提出了一种宇宙观。这样，我们也就谈到人生了。倘若我们不在人生之中而对人生有一种根本的体验，我们既做不了科学，也做不了哲学，同样也不可能做艺术。

让我们就以科学为例吧。科学的研究活动分为两类：一类是应用性的研究，一类是创造性的研究。创造性的研究者，比如爱因斯坦，他在科学的领域中活动，但是他的心灵却是艺术的心灵。他能把由艺术的心灵所发现的东西放到一个逻辑的公式里去，这真是一种了不起的能力。如果没有一种伟大的直觉和想象，他不可能突破牛顿物理学的范式而提出相对论。科学史上所发生过的科学革命，都说明了这种情况。我们心灵的最根本的力量、基础性的力量,其实并不是我们今天那么崇尚的理性,倒是想象。

"想象"是怎么回事?它来自对生活的体验。"体验"又是怎么回事?体验是情感与形象的统一。没有情感,就没有想象。那么"情感"是什么呢?这个问题太深了,心理学家永远讲不清楚。对于人类的情感,你可以做心理学分析,那是科学的分析,把一个现成的情感作为一个客体来描述它的基本特征和演变规律,那叫心理学。但是我们追问:情感本身是如何可能的?这就是一种哲学的问法。在哲学中,我们总是追问"某某事物如何可能",然后才留给科学做第二件事情:"某某事物实际上是怎样的。"

我们现在谈论的是人类的情感。当然我们会认为动物也有情感。比方说在黑猩猩的面部表情上,我们可以看出它们也有快乐和沮丧,但是,动物的情绪与人类的情感有本质的区别。这个区别是什么?人类情感的本质根源在哪里?在这个问题上,海德格尔帮助了我们。他告诉我们:人类领会虚无。

对虚无,我们没有认识的可能,因为它是 nothingness,我们无法认识它,我们不可能 know nothing,只能 know something,know nothing 就是"一无所知",nothing 不可能成为 know 的对象。那么,虚无是怎么给予我们的?在情感中给予我们,在忧虑和不安中给予我们。忧虑和不安,是最本质的情感,因为它是对虚无的领会。领会不是认识,这一点我们中国人是最明白的,西方哲学要到很晚才明白,要晚到海德格尔才清楚。海德格尔认真地来讨论情感,并且认为它是比人类的认识活动更根本的一种心智力量。这种心智力量是对虚无的领会。只有在对虚无的领会中,我们才把握到存在。把握存在意味着什么?意味着时间。时间之流,就在我们对存在的把握中被开启了。

我们现在谈论的，是哲学中最难的问题。海德格尔的那本著作的书名就是《存在与时间》。时间就是这样进入我们内心的：通过情感。在本质性的情感中，我们把握存在，时间才被开启了。只有在自然科学中发展，时间才变成了一种外在的尺度，用来度量自然界的变化，那叫物理时间。"物理时间"的概念，其实是从本真的时间概念中派生出来的。本真的时间不是一个外在的东西，它源自我们对存在的领会。

时间之流被开启，人就发现了自身，发现自己是人。海德格尔非常小心谨慎地说：我们此刻不用"人"这个词，我们用"在"。人是这样一个特殊的在者，他领会"在"本身。而这件事一开始就是艺术。艺术在时间之流中抓住了存在，凝结了存在，于是，它作为作品永远地在那里。语言也是这样形成的，语言是对存在的领会之凝结。所以，艺术和语言、劳动一样古老。

然而，我们当代人类的心灵，丧失了发现真理的力量。我们只是寻找逻辑上的真理，也就是寻求"正确性"。逻辑的真理和体验的真理，哪一个更根本？逻辑的真理其实是对体验的真理的重新表达而已，给体验的真理以一个形式化的表达。在体验的真理中，我们才做成一个世界，使世界成为可能，使它呈现给我们。所以，艺术不只是对情绪的表达。当然，我们可以把艺术作这方面的这种用途，我们难过的时候，听一段音乐，让我们的心情平缓一点。艺术的这种功能在心理学上成立，这没问题。但是，这并不是艺术的使命和它的本质。

之所以要谈这一番哲学上的话，是因为我总是想，倘若我们复旦大学的学生希望成为有创造性的人才，就要有一个最重要的前提：拥有发现真理的力量。这种力量不是来自逻辑的推论，而是来自伟大的想象和体验。

艺术中体验人生与世界

我接下来具体谈一谈，何谓体验人生、体验世界？要说这件事，我们有一个方法，就是回忆一下什么是艺术的理想。我们就讲小的事情吧。有时候，一部小小的艺术作品被创作出来了，它也许谈不上是伟大的作品，但它仍然有一个真正的艺术上的起因。

现在我设想，我有这样一个祖母，我是在她的关爱下长大的，长久的共同生活，使我与她之间有一种深刻的情感联系。我对她的人格有极为深入的领会，她作为我的老祖母，其全部的魅力和精神力量对于我的心灵影响非常大。我就在这种影响中慢慢成长，我的成长的最重要的阶段都与我的老祖母联系在一起。有一天，她去世了，我非常难过，那是一种非常深刻的痛苦。我觉得她的去世是一种永不可弥补的损失，于是，我必须将这一切予以表达。凡深刻的情感都给予我们以一种内驱力，非表现出来不可。我想要表达的对象是如此真实，是老祖母在我的心灵中留下的深刻印象。这是如此真实的东西，是真理，是人生的真相。我要把它表现出来。你们想，我该怎么表现？

我找来我的一个朋友，跟他讲述我的老祖母，我叙述了老祖母的形象，以及她的言行、经历等等，说了一大串的话。但我的那位朋友听了之后，觉得我所说的只是千千万万个老祖母中的一个，天下的老祖母大抵如此。于是，我的这些叙述失败了，未曾达到本来的目的，因为我原想给他以一个独特的，同时又是非常深刻的老祖母的形象。我要说出老祖母与我之间的全部的情感联系以及这些联系的全部生动的性质，我要把这一切呈现出来，我做得到吗？语言的叙说此时是那么苍白无力。怎么办？有另一条道路可以走。

假如我从小就学画画，我能画肖像画，我曾画过许多张肖像画，但我却一直并不真正懂得绘画的意义。此刻，我却突然就懂了，为什么？因为我原本是可以把我无法用语言描述的老祖母画出来的！于是我赶紧进入我的画室，把我的画布支起来，我要画一幅油画，把我的老祖母画出来。等我把这幅画画成功之后，我再拿给我的那位朋友观看，而这位朋友就在一眼之中便看到了"我的老祖母"！胜过千言万语。在我所创作的老祖母的肖像画中，一个人性的世界打开了，这个人性的世界是如此丰富和深邃！我本来只是一个业余的画匠，但是，通过这一次的老祖母肖像画的创作，我成了真正的画家。我第一次领会到了绘画的真实意义，它的不可取代的意义。

当然，绘画只是艺术之一种。假如我不是学画的，我不是在美术学院而是在音乐学院受过训练，学过钢琴演奏，而我一直不知道弹奏钢琴究竟意味着什么。然而，就在我对老祖母的深深的思念中，以及想要把她表现出来的强烈的愿望中，我第一次这样地坐在了我的钢琴面前，我弹了一首曲子——一首奏鸣曲。我在这支奏鸣曲的弹奏之中记下了乐谱，我第一次从事音乐创作了。

我创作了一个并不很长的钢琴奏鸣曲，也就三段：呈示部、展开部、再现部。这个格式我倒是一直很懂的，现在我就用这个格式写了一首曲子，然后演奏给我的朋友听，我的目的是让他听到我的老祖母。这可能吗？我们切莫以为我们只在一幅肖像画里才看得到老祖母。不，我们在一首音乐作品里也能听到她！这不仅是因为我给它加了一个标题：《我的老祖母》。这叫标题音乐。假如我没有加这样的标题呢？假如我创作了一首无标题音乐，我的朋友也能从中听到我想要他听到的东西。如果我问他："你听到了什么？"他也许回答说："我听到了一首《祖国颂》。"这就对了！我的老祖母就是我的祖国！一种充满温暖和博大的慈爱的人性世界，在我的作品中呈现出来了。作为音乐家的我来说，为了表现我的老祖母，我没有任何别的手段，我只有这种方法，即作曲。

我们在这样一个简单的例子中说出了一个道理，这个道理事关艺术的本质。我们为什么需要艺术？就是这样一个道理。

现在，让我们继续讨论别的事情，一种更基础的事情，那就是，音乐是如何可能的？音乐如何可能把我的老祖母呈现给你们？或者，一幅肖像画如何可能把我的老祖母呈现给你们？这里讲的"呈现"，绝不是指画得很像现实中的原型。我的目的并不是画一个年岁比较高的老太太，我要画的是一个老祖母。老祖母在这里具有精神的意味，但她同时仍是感性的。因此要问："这样的绘画是如何可能的？"我们不问摄影如何可能。摄影是技术。人类通过模仿人的眼睛而设计了照相机，里面的底片相当于视网膜，通过光学和化学的原理的结合，我们把外部形象保存在纸上。我们现在不是谈论摄影，我们谈论绘画。

在谈论绘画的时候，我们就是在谈论一种世界如何可能在感性的形象中被打开。而且，当我们进入这个世界的时候，我们觉得它是无穷无尽的，它既是确定的，又是不确定的。"确定的"，是说某种确定的形象，比如我画一个老祖母，就肯定不是画了一个部长、工程师或者其他什么人物，这是确定的。但它又是如此地不确定，以至于可以让观者无限地追问和感受。

我们看过列宾的画作吗？列宾为托尔斯泰画过一幅肖像画，假如今天我们有幸能够把原作拿来，放在这里的话，我们可以观看很久。在列宾的笔下，托尔斯泰坐在一把围手椅上，略有点偏斜地朝向我们，他的左手搁在一本书上。画中的托尔斯泰的眼神，我们无法用语言来描述穷尽。在第一眼之下，你觉得这是一个基督教的圣徒，但是你再一看，又不是圣徒了，而是一个充满忧虑的人，再一看，仿佛他又充满着悲哀，有一种悲天悯人的目光，你就这样一层一层地去体会，你永远说不完他的所有那些犹豫、矛盾和痛苦以及他的圣洁，这一切都在列宾的笔下呈现了。你如果请托尔斯泰真人坐在你面前，你给他拍照，即使拍一百张，都拍不出这样的效果。只是在列宾的画作中，托尔斯泰之所以是托尔斯泰才呈现给我们了。托尔斯泰的精神世界，或者说，俄罗斯近代文学世界的一个方面，都凝结在列宾的这幅肖像画里了。

我想，我们就是这样跟艺术打交道的，我们就是这样进入了一部真正的艺术作品。我们从中获得了什么呢？获得了我们自己对生活的再感受。

我们并不是带着一种纯粹客观的兴趣，去观赏列宾的托尔斯泰肖像画的。我们也不是带着一种纯粹客观的兴趣，去聆听布鲁克纳的《第七交响曲》的。我们进入这些作品，是为了看到自己和听到自己。但是，你听得到你自己吗？假如你的心灵是不够丰富的，假如你对人生的体验是肤浅的，你只能听到一点点。听到一点点也有好处，它会引导你。艺术作品的伟大性，以及它们之于我们永远是人生的导师，就在于这一点。比如说，布鲁克纳的《第七交响曲》是我们一辈子听不完的，因为写下这个交响曲的布鲁克纳的心灵远比我们更丰富、更深广。我们时常地需要布鲁克纳的作品来引领我们。

这些都是非常具体的例子。可以说明艺术究竟意味着什么。艺术为什么是我们人类生活中的一个不可取代的领域？假如这个领域消失了，后果将是怎样的？后果就是人类文明的停滞、历史的终结、人的物化。虽然今天到处都是科学、逻辑，而且还数字化生存，不过，我们还是有最后一点希望来抵御这个时代的病症。

这个时代并不是一无是处，但它在根基上有毛病。我们抵御其病症的希望就在艺术中。艺术是那样的重要，我把它抬得很高了。其实，并不是我把它抬得很高，而是我们向来受惠于它。倘若我们从来没有受惠于艺术，这是莫大的遗憾，我们的人生就会是单一的。若我们也在艺术中生活，那就是过了双倍的人生。你也许活到八十岁，你若也在艺术中生活过的话，你就活了一百六十岁。当然，这个比喻太机械。我的意思只是说，倘若你从来没有在艺术中生活过，你的损失会有多么地惨重。

我们都追求幸福，we live for joy（我们为欢乐而生活），但是欢乐的实质是什么？我们作为人的欢乐，它完全在我们的心灵里。这个心灵应当被开启，由艺术的力量来开启。心灵的本真活动就是艺术。我们从小时候起就这样做了。我们在上学读书之前，已经唱过儿歌了，听过童话了，也曾经拿过一支画笔在墙上或在纸上涂鸦。我们从事过艺术创作，尽管它们是如此幼稚和简单，但我们已经开启过自己的心灵。我们今天所处的时代让这种活动早早地结束了。我们把艺术的创作交给了专家，那些专家把它作为一种职业，其职业的活动则作为一种产业，通过这产业再把艺术还给我们，供我们消费。这就是艺术在今天的处境。

我们向来错过了我们本来所拥有的财富，以及我们的心灵本来所拥有的能力。我们长久地告别它，远离它，我们只是在苦恼的时候需要它，在欢乐的时候找它来陪衬一下。我们就是这样漫不经心地与艺术打交道。

如何进入体验的真理

我接着想来谈的一点是：艺术如何引导我们进入体验的真理？

艺术是在一个感觉的世界里的，而不是在一个抽象思维的世界里面。我写的一篇论文，肯定不是诗歌。诗歌虽然也诉诸对语词的理解，但是通过对语词这些观念符号的理解，我们仍然被引回到了感性世界里，这就叫文学。动物不是也在感性的世界里吗？为什么动物没有艺术呢？因为动物没有心。当然，高级动物都有心脏，但是心脏不等于心。我们的"心"既很真实，又虚无缥缈，因为在解剖学上找不到。哲学上就要讨论这样的"心"，其困难程度可以想见，从古代讨论到今天，还说不太清楚。西方人也说了，苏格拉底也说了这个"心"，他最后得出的结论是理性。他说，没有人有意为恶、无意为善，因为人有心。善是什么？善是理性的知识。因此，苏格拉底把人心理解为理性的能力。这样的心当然没有解剖学上的证据，它超生物，但它真实，谁都不能否认它的存在。于是，有一种学问要来研究真实的"心"，那叫哲学。中国的哲学也研究"心"。从孟子开始就讲"心"，一直讲到宋明儒学的时候，就有了"陆王心学"。心学肯定不是生物学，也不是心理学。

好，我们就来看"心"是如何形成的。你不能说心和我们的肉体毫无关联，虽然在解剖学上找不到这个"心"，但是它和我们的肉体是有关联的。如果你否认这个关联，那个理性的"心"就不知道是从哪里来的。当然，犹太教给它一个解释：人类犯了原罪，偷吃了知识之树的果实，分享了理性。理性本来是上帝的品格，那叫神性。因为我们恰好偷吃了知识之树的果实，我们就有了理性的心，犹太教认为这是罪恶——原罪。古希腊哲学则认为这是人的光荣。两种思想不一样。对此，我不在这里讨论。

我们就来看这个"心"是如何可能的。如果你说它脱离肉体，你会走到古希腊的唯心主义，从柏拉图主义一直到黑格尔主义。现在，我们的哲学如果有一点儿进步的话，那么，它是由马克思和海德格尔的名字所标志的，因为他们都把这个"心"归根到底理解为感性的。

感性的"心"，是什么样的心？就是艺术的心。你是一个艺术家，是不是？你创作艺术作品的时候，你是不是光开动你的理性的头脑？假如真这样，你就不行了。我为什么写不出诗来？因为一想到要表达情感，就开动了理性的头脑，因为哲学这个专业让我形成了如此的习惯，所以我感到遗憾，我写不出诗了。诗人能开动理性的头脑吗？千万别动，一动，写出来的就全是概念。

感性的"心"如何可能？哲学的进步在这一点上是真实的。让我们来看人的感觉。我们的感觉和动物的感觉有区别吗？当然，人和动物的感觉都有感觉器官做生理基础。我有两个耳朵，黑猩猩也有两个耳朵，我能听到声音，它也听到了。一声炸雷，我一慌，它也一慌。但是炸雷过后，它照样去觅食了，然而我却感慨起来了：于无声处听惊雷。我居然感慨了，还写了这样一句话。为什么我和动物一样地听，但我的"听"终究还是和它的"听"不一样？这里有一个很基本的解释，那就是我们人类对听还有一份"听"，那叫"听听"，即对听的听。对听的听，是什么呢？我们不仅听到了实际的声响，而且对自己的这份听还有听，但并未经过我们的理性的头脑，不要以为是我们的理性在听，理性不可能听，理性可以对声音进行声学研究。但是声学家从来不听，因为他把声波加以描述，放到一个数学公式里，他哪里需要听？声学家只是在声学研究之外才听，才能对自己的"听"有另一个"听"。只是在这种对"听"的"听"当中，他才能真正发现音色、韵律、节奏、旋律、音程的张力。这绝不是理性的头脑的思考之所得，而是我们的感官之所得。

我们的感官是神奇的，那叫"人类的感觉"，因为它对感觉还有感觉，对"听"有"听"，对"看"有"看"。因为我们对"看"有"看"，我们才区分了色调，我们还在各种颜色中区分出了暖色调和冷色调；我们还看到了形体，它的变化的韵律、节奏，于是我们能够绘画。我们获得了一般的"红",这个一般的"红"并不是概念,还是感觉,因为有这种感觉,我们才能区分这是深红,那是浅红,还有那一个是桃红。这种区分是不是经过概念的?没有。我们在一眼之中就看到了。我们的听觉也是神奇的,我们对"听"有"听",于是,我们有音色的感受、节奏的感觉等等。我们把这一切通通组合起来,拿来派用处,即做音乐。为什么音乐对狗来说是不存在的?音乐对狗来说仍然是一个物理世界、声学世界,刺激了它的耳朵的鼓膜而已。但是对于我们而言,它变成了音乐,而且是那么地优美动听,因为我们是在听音色、节奏、旋律、音程张力。因此,我们的感官是神奇的,它神奇在哪里?在感官中有心。我们的感官是心灵的感官,这就是我刚才讲的感性的心。

艺术未来之使命

我今天来到这里,几乎一直在讲本体论——哲学中最难懂的部分。是的,对于艺术的本质的讨论,一开始就要进入本体论才行。本体论的研究不是出于哲学家们的学究气的癖好,它实在是对我们生活的根基的研究。在这种研究当中,我们能够领会到我们人生中最重要的是什么。所以,我们现在马上要追问我们自己了,在座的每一个人包括我自身在内,都要追问自己:我们的感官有多少心灵的成分?

倘若我们的感官、我们的听觉、我们的视觉缺乏心灵的成分,那我们赶快来弥补这种缺陷。你的眼睛看到的东西全是概念的东西。你看到了一棵树，你知道：哦，这是一个东西，叫"树"。这是树，是植物，是城市的"肺"，等等。你如果永远只看到树的概念，你的视觉就缺乏心灵的要素。假如你在一眼之中看到了那棵树的美，并且有一种强烈的冲动想把它画下来，那就说明你的视觉是有灵性的，你的视觉和心相关联。假如你听到那音乐，你觉得这只不过是噪音，就像那些对西方古典音乐不太喜欢的人，觉得小提琴一拉就像锯木头一样，我就跟你讲："你的听觉有问题。"你答："我的听觉很好。"是的，很轻微的声音你也听得出来，一点不聋。但我说"你的听觉有问题"，并不是在生理学意义上讲的，而是在心灵的意义上讲的。

我们人生的精神境界，并不是概念的境界、理论的境界，而是感性的境界。各位不要以为心灵最高的境界是理论思维。你学了那么多物理学、化学、数学，你的心灵境界就提高了吗？当然，你的思考很周密，你也许智商很高，但是心灵境界与智商是两回事。我们提升我们心灵的境界，这才是我们人生的必要任务，而且它本身就是幸福。

假如我们追问人生幸福的本质，我们就应该说，它是不脱离感性的。不脱离感性，并不是说不脱离肉体。肉体与感性是要区分的。我们的感官一旦具有心灵的性质，就不仅仅是肉体器官了，这一点非常重要，因为我们的心灵之所以丰富并且具有力量，全在于我们的心灵的感性力量。头脑是不会有力量的。

现在许多人讲"头脑风暴"，有个电视节目专栏就叫"头脑风暴"。我觉得头脑风暴是一个很奇怪的概念。那些成功人士在那里说他们做成了大事业，是由于他们的头脑中的一些伟大的观念所造成的，我不相信。一个成功者，做成一件了不起的事情，是出于何种力量？头脑风暴？不！是出于他心灵的力量。

艺术在我们今天这个时代状况之中，就其本应承当的使命而言，处于一个非常孤独的地位。它岌岌可危，这是黑格尔曾经预言过的艺术的衰亡，不幸而言中。海德格尔则提出了追问，追问我们大家：艺术在今天会不会始终只是一种文化的伴随现象，从而不能进入我们的命运之中，成为真理在其中原始发生的过程？

我们正越来越远离艺术的真谛，远离艺术与人生的真实关系，远离艺术与人类命运的关系。我们远离这一切，我们用艺术娱乐，用艺术为资本增殖服务，我们把对艺术的商业运作看成艺术活动本应追求的目标。法兰克福学派的第一代代表人物之一阿多诺，在谈到艺术的当代处境时说，一种古典的艺术的真理并没有消失，它在未来的世代是会重现的。但是，他也为今天艺术的状况感到悲哀。

如果我们这样提问："对于当代文明的病症的诊治，对它的根基上的毛病的治疗，应从哪里入手？"我们可以看一看马克思的回答："扬弃资本，推翻资本的统治。"这当然属于无产阶级革命的理论，但这本来是一种很高的境界。不要以为无产阶级革命就是指在城市的街道里流血打仗，无产阶级革命是一种感性基础中的革命。无产阶级之所以伟大，不是因为他们是工人而伟大，而是作为未来时代的新的社会原则的发现者而伟大。无产阶级最有可能发现未来社会的原则，因为它一无所有。资本对它来说，只是一种统治的力量，而不是生活的幸福的源泉。所以，这个阶级是最有希望的，马克思寄托希望于这个阶级。新的社会原则将从哪里被发现？将从无产阶级的感性意识里被发现，这就是无产阶级的感性的"心"。所以，未来真正的艺术，应当属于无产阶级，而不是资产阶级——这就是马克思的思想。

我们现在不谈无产阶级，就谈这个世界。在这个世界中，异化的不仅是无产阶级，企业家们也异化，所以，企业家们是否能够在经营资本之余，也到艺术领域中走一遭呢？如果能走一遭，肯定对他们有好处。对他们个人有好处，对他们将来自觉地放弃资本统治也有好处。所以，有一种观点就认为：艺术在今天若能重新焕发它的生命，它就具有一种世界历史的使命。我们还能寄希望于哲学的革命，来引导世界走出一个新的天地吗？不得而知。传统的哲学正在终结，未来的哲学是怎样的？我们不知道。海德格尔不知道，马克思也不知道。

如果我们回过头来看看中国思想，中国思想倒是大有希望！中国的哲学大有希望，因为中国的哲学对待世界的态度是艺术的态度，即感性的态度。"美学"这个词，aesthetics，本义就是"感性学"。马克思所期待的世界转世，也即资本世界的彻底解体，是一场感性基础的革命。感性基础的革命实际上是心灵的革命，是感性的"心"之生成，而这需要艺术来表达，需要艺术中的新的伟大作品来启示世人。

最后，我要说的是：我今天在这里就两种真理所作的区分，以及就艺术之使命所做的讨论，其证据在哪里？大家可能同意我，也可能要批评我，不管怎样，我认为最后的证据是在各位自己的生活里，在各位正在展开的人生旅途中，在我们民族的命运的展开过程中。在这一切之中,你们将慢慢地体会到:只有在真正伟大的艺术作品中,我们才能领会人生的真谛。对人生的领会,当然离不开我们在现实生活中的遭际,但是,我们光有现实生活的遭际,而不进入伟大的艺术作品,我们的心灵就不会有力量。我们对伟大的古典艺术作品的热爱,就是对人生真谛的领会,这是同一件事情。这种领会,不是一种理论上的理解、概念上的分析,不是用理论的语言来讨论我们的生活。在我们对生活的最真切的领会和体验中,就包含着真理。比如,西方以往的那些伟大的宗教音乐,虽然是为宗教题材而创作的,但我们今天的聆听者仍然能够从中领会到人生的真谛。艺术固然可以被用作许多实用的目的,或为政治所用,或为宗教所用,或为娱乐所用,但即使是在这些用途中,真正的艺术作品仍然保持着它们不可消解的价值。例如,我们今天如何理解《红楼梦》?这部文学作品究竟是反映当时清朝政治的内幕、权力的斗争,还是表达了另外的主题?这样的讨论自可没完没了,但不管怎样,我们还是确认了《红楼梦》是一部真正的艺术作品,它的价值不依赖于它所反映的那个时代本身,它超越那个时代。所有这一切,都将在我们的人生旅途上慢慢地被我们体会到。

最重要的事情,乃是保持我们自己去体验真理的力量,而我们也只有在艺术中才能保持这样的力量。

谢谢大家。

传统之于教育和民族

对教育学来说，我是业外人士。听了各位的发言，我感到很庆幸，庆幸我来了。也感谢《教育参考》的主编给了我这样一个宝贵的机会，来思考一直萦绕在我心头的一个问题。也正是因为这样一个问题，驱动我来参加今天的会议。这是一个什么问题呢？

我一直在想，我是作为一个民族的一员，生活在这样一个考试的时代。我孩子在读大学，去年参加了高考。作为过来人，我对高考有一种特别的体会，就是我们处在"教育失语症"当中。这个"教育失语症"不仅仅属于学校，也属于广大的家庭、为人父母者，而这个"教育失语症"，其实也就是我们这个民族的失语症。所以，刚才一位中学校长的发言给了我很大的启发。他是实践家，校长都是实践家。我研究哲学，坐而论道，一向被轻视了。所以那位校长也讲，我们现在应该是坐而论道的时候了。在这里，我既听到了领导的发言，也听到了学者的发言，对我都有很大的教益，来帮助我思考这个问题。

坐而论道是当务之急

《红楼梦》里的贾母爱贾宝玉,爱到什么程度呢?贾宝玉是贾母的"命根子"。贾母在教育贾宝玉上是失败的,因为她宠爱过分,所以贾宝玉不能"补天",这块玉是假的。但是,有一件事贾母是很清楚的——婚姻大事,贾母坚决不让贾宝玉娶林黛玉。在这件事情上,贾母的宠爱为什么消失了呢?因为这是"命根子"的问题,即使再宠爱孩子的父母,碰到"命根子"的问题,都要改变态度,因为这是性命攸关的。我不是在这里说贾母好,我对她有批评的态度,但是我们可以看到我们这个民族向来对教育的重视,并且是在这种意义上重视的:我们的下一代是"命根子"。这说明我们这个民族是有"命"的,一个民族如果没有"命",那也就无所谓"命根子"了。

这个民族的"命"是什么?是文化生命。一个没有文化生命的民族,是不会把教育看成"命根子"的——我们的下一代要有生存的能力,今天的家长往往只是在这个意义上理解教育。

今天中国基础教育的根本缺陷是什么?我一直在想这个问题。我在二十世纪七十年代读中学,当时"文革"还未结束。"文革"十年是浩劫,但是有一点我不得不承认,我现在还在怀念中学时代。我们曾经在我们的青少年时期,建立起自己的精神家园——即使这个精神家园是错误的,里面有虚假的理念在引领着我们,这是另外一件事情,但是我们有过精神家园,于是我们怀念我们的中学老师。

我的班主任现在垂垂老矣,我们要庆祝74届毕业三十周年,相约聚会。大家和班主任亲密交流，我们关心着他，他也关心着我们。我们同学之间的友谊是如此深切，我们有不同的人生际遇，有下岗的，有当官的，有做学者的，但是我们在交流的时候互相之间没有等级的问题，而是说我们生活的意义，我们对未来的筹划，我们对过去的怀念，以及我们的精神力量和对社会的基本的判断。我们考虑的那些东西，就是我们永远挥之不去的精神家园。它让我能够抵挡现代性，抵挡目前的那种"无家可归"的状态，这些是谁给我的？我的中学生涯。这些是从哪里获得的？我的母校培明中学。我就是在这个意义上理解基础教育的。假如这个意义上的基础教育消失了，那么我们是自断"命根子"，这是一个基础的问题，一个最根本的问题。

我们现在主张各种各样的制度建设，我们的中学面临许多新的挑战和新的时代条件，这些都是真实的，是客观事实。我们要与时俱进，一轮又一轮地制度创新。能不能解决问题？我们对推进制度创新所要处理的那些问题的根本途径探讨过没有？这才是问题的关键。

所以，我觉得"坐而论道"恐怕是中国基础教育的当务之急，我们不能继续迷失在"论器"之中。形而上者谓之"道"，形而下者谓之"器"，我们如果见器失道的话，那就非常危险，创新的制度就毫无意义，并且会导致另外一种灾难。现在基础教育的根本问题出在哪里？我们这个民族现在有没有能力在应对现代条件的情况下让传统存活？我们那样轻而易举地把教育投入产业化浪潮，一种巨大的危险是什么？当一所学校成为一个企业的时候，我们还有没有基础教育？一种基本的危机是什么？当我们的小学校长、中学校长都变成了企业家，而没有教育家的品格的时候，我们还有教育吗？我们还有真正的基础教育吗？大学教育的危机也有，但是我认为这种危机还不那么根本，基础教育的危机太根本了，因为这是"命根子"问题。

大学教育的危机是什么？我在复旦大学一直讲这样一个问题。复旦大学今年要庆祝她的百年诞辰，百年校庆是一个机遇，让我们的大学在前进的步伐当中停一下，反思一下，所谓"复旦精神"究竟是什么。我说，中国的大学正在向那样一个目标前进，就是全面的产业化，这种产业化的最后结果是大学的消失，变成高等职业培训所。假如一个中学生来到大学，经过四年的本科教育以后，只是带着去做高级白领的理想走出了校门，这样的大学，你能说它是大学吗？大学是什么地方？自近代以来，大学取代了教会的地位（这是欧洲的历史），成为一个民族的精神中心。中国有没有这样的精神中心呢？柏林大学是德国的精神中心，人们从四面八方来聆听哲学、人文学科和艺术的讲座。复旦大学也好，北京大学也好，清华大学也好，能否保持它们作为我们民族的文化精神中心的存在？这是我把一个题外的话拿到这里，基础教育与高等教育并不一样，但精神是相通的。

基础教育的文化责任

我们的民族正在面临一个严峻的考验，就是现代性的冲击，市场原则无处不在的渗透。

市场原则是必须保持其界限的。在社会中起码有两个领域，一个是教育领域，一个是医疗领域，除了有法律责任外，还有伦理责任。我刚才听教育界的领导讲了一个法律责任的问题，确实是的，如果我们的孩子在学校里吃午饭集体中毒，校长肯定是要承担法律责任的。但校长除了有法律责任以外，还要对他所领导的教师和学校里所展开的教育承担伦理责任。

其实不仅有这两方面的责任，还有第三个责任。因为学校是教育机构，它是我们民族的"命根子"所在的地方，所以校长还有文化责任。我不是在给各位校长上课，而是我一直在想，假如某一天我做一个选择，我不在复旦大学哲学系干下去了，我想去做一件什么事情？我最想做的一件事情，就是当个小学校长或者中学校长。我要看看，我还能不能在今天这个时代条件下从容赴任，这是一个很严峻的考验。也许我说得过分了，但我们都能感受到这一切。

我每个学期都会面对一些新生，他们从中学的校门走出来，跨进大学的校门，跟我们这些大学教师讲他们中学经历的时候，很少有人怀念中学。这不是中学校长的责任，也不是中学教师的责任，我们也没办法，大家都没办法。应试教育让学校变成一个应试的机器，而且机器要有高效率，于是它成为"名牌"。什么叫硬道理？应试成绩是硬道理。谈谈文化只是装饰，不谈有点档次不够。

但我们的学校真正的基础在哪？它的高考率？它那个成绩排行榜？它进复旦、交大、清华、北大的学生人数？这是硬道理呀！你拗不过它的。所以，这个问题不光出在校长和中学教师身上，还出在我们整个民族身上，包括我们做家长的。家长对学校的最高期待是什么？把孩子的成绩弄上去呀！居然如此短见，短见到什么程度？家长不问孩子所在学校的老师给他人格上的影响有多大，他是不是更有道德、更正直、更有理想和胸怀、有一种更高的承受能力了。他不关心这个，他只关心自己的孩子这个学期期末在年级里的排名多少，若成绩不行的话，就要补充教学——家教。家长对中学教育的要求既已降到这样一个层面，我就觉得这是整个民族的问题了。

教育的根基只有一个：传统

怎么来扭转这个局面？我想，今天的中学，要在这个问题上率先做起来。这里面的困难在哪里？大家都是实践家，我在这里坐而论道，是不是空谈玄论，于事无补？我认为，要寻找一种实践操作的途径的话，那么，它应该体现"道"。

应试是什么？现在应试成了中国基础教育的目的了，它冒充了"道"。现在要把它扭转过来的唯一的原则是什么？我们不要一味地批评应试，哪有一种学校教育不应试的？只要有学校就有应试，问题是，应试向来只是教育的手段。现在的应试教育把事情颠倒过来了，以"教育"为手段，以"应试"为目的。如果我要班级里的学生遵守纪律，这本来就是教育了，即纪律教育。但它现在是手段，是为了更好地听课，成绩上去，目标还在于应试。考试有一个纪律：你不能偷看旁边同学的答题。这是一个道德问题。这个道德问题是诚实与否的问题,但是现在的情况是,我为什么要制止你这种不诚实?因为你这种不诚实会妨碍应试。应试始终是目的,而教育则成了应试的手段。

应试其实是永远避免不了的,除非你把学校关掉。问题在于,我们是为了应试而搞教育。我们的中学能不能有一种实践的精神,它能够让应试成为教育中的重要手段,而教育始终是它的目的,并且能够实现?这种可能性在哪里?不在各位,不在包括我在内的哪个人的聪明的技巧上,教育的根基不是手段,不是技巧,不是制度设计和操作方案,教育的根基只有一个——传统。

好在我们这个民族是有传统的,是有文化精神传统的民族。我们这个民族本是有教育思想的,要对这种传统意义上的教育之本有真正的理解。

教育的"本"在哪里?"本"在民族传统那里。你把"本"丢掉,然后说教育是科学研究的对象,这是一个根本错误。我讲这个问题,恐怕会引起很大的争论,比如说,我们怎样看待教育学。我的一个研究生,毕业以后到美国去留学,他联系的学校录取了他,并且给他奖学金。他高兴地告诉我说,要到美国去留学了。

我问他,到美国留学,学什么专业?

他说,学中西教育比较学。

我说,噢,美国居然有这样一个专业?

他说,有啊。

我问他,什么大学?

他说,马里兰大学。马里兰大学就有这样一个专业,还能够授博士学位。我就要报这个专业。

我问他，为什么要报这个专业？

他说，留学归来，最高的理想是做小学校长。

我对他表示敬重，我佩服这个学生。他知道三点：第一，中国现在的大问题是教育，是下一代问题，即"命根子"问题；第二，他把个人奋斗的理想和民族的责任结合起来了；第三，他知道教育是有民族性的。

我们不是拒绝学习西方教育理论，但是西方教育理论救不了中国教育，这是必然无疑的。我们这个民族的问题，是要通过创新来解决的，这个创新的基础在哪里？创新的基础向来就是传统。你把传统丢掉，说还有创新，我说这压根儿就是个谎言。思想从来就是旧的，新的叫"思潮"。我们庆幸我们是中国人，因为我们曾经为人类的思想开启过智慧境界。世界上有四个伟大民族开启过人类的智慧，我们中华民族荣列其中。一个是古印度，贡献了释迦牟尼；一个是古代中国，贡献了孔子和老子；一个是古代以色列，贡献了最初的先知；一个是古希腊，贡献了苏格拉底和柏拉图。人类在今天面临文明危机的新的关口，只有一个办法来拯救自己，那就是重新去领会这个民族的古代智慧。

你去查一查历史，中外思想史、学术史，你一查，看得非常分明。假若宋明的时候不返回到先秦诸子那里，哪能有宋明这一次思想的高峰？笛卡尔如果不在原则上接受苏格拉底的思想，哪有西方近代哲学？我们的民族今天也面临如此深刻的挑战，所以我们必须承认一点，我们的哲学研究是远远不够的，我们的教育哲学的研究也是远远不够的。

美国教育家杜威对美国教育的影响，大家看得非常清楚，那是思想的影响。杜威为美国的教育提供了基本的思想。我们今天有没有这样的思想家产生？我在这里发表一些感慨，恐怕也于事无补。但是具体落实起来的话，我就觉得，一所有比较长一点历史的，并且有精神传统的中学或者大学，它今天应该做的最重要的事不是引进西学，而是继承传统。

学校的生命就在于它的传统，这是任何一所新建的学校不可能在短时间内就具备的。什么叫传统？传统就是活在今天的过去。它是一种精神的力量，它是不可战胜的。什么叫好的中学？就因为它有传统。如果学校的传统抵挡不住现代性浪潮的袭击，在产业化的浪潮中被企业化之后，学校也会消失，并且会消失得非常之快。

这就是我想说的一些危言耸听的话，我想是非说不可的。我没有什么具体的操作上的高妙方法可以贡献给大家，我是借这个讲坛来发表我们这一代人对于我们这个民族的基础教育的一种深刻的担忧和关心。

寻觅意义

各位同学，在这样一个大家济济一堂的教室里，我感觉到了一种期待，我因此而不安，这不安并不属于我一个人，实际上属于当代哲学。哲学在今天，无法给人类的生命指出意义。这就是我选取这样一个题目来做一次讲座的缘故。我想在这里和大家一起寻觅意义。

追问生命的意义

前不久，我偶然看到电视中的一个节目，是上海电视台财经频道的《财富人生》。那一天的节目邀请了两位著名人士做嘉宾，其中一位，是全国第一个用电脑技术来预测股市的。这位嘉宾说自己不仅预测，也参与炒股。他说，进入股市是一件很有价值的事情，一个人如果没有炒过股，他的人生是不完整的。听到这样的话，我大吃一惊：这是一个哲学的命题。

节目主持人问道："你为什么这样说？"他说："很简单，如果你真炒过股你就知道，炒股把我们的人生在很短的时间里浓缩起来了。"然后他对此做了解释，我们在股市的风云变幻之中备尝人生的酸甜苦辣，惊心动魄。赢钱后的喜悦，套住了或者亏本后的懊丧，甚至想到自杀，这些感觉就浓缩在短短的一段时间里。"股市浓缩了我们的人生，你怎么能不去炒股呢？"我想，这是很生动的表达，表达了我们这个时代的某种原则。

主持人接着问："你最近是怎么处理你的钱财的？据说你现在还生活在一个非常普通的住房里，你为什么不去买洋楼别墅，用高级轿车？"他说："我不稀罕这些东西，我最初赚到六千的时候，感觉震动非常大。后来一夜之间挣了六十万，手里股份多了，反而感觉很平淡。现在大家都追求名牌，我就不追求。"主持人问他原因是什么。我暗想，大概马上就要有智慧出现了。只见他拿出口袋里的手机给大家看："这个手机你知道是花多少钱买的吗？五百块。可以说是市面上最新的、也是最便宜的，是专门为中学生设计的，我一看见，就把它买下了。有的人的手机上万元，所以他就十分小心，放在皮包里面，整天担心它丢了。我不需要有这些担心，这是第一。第二，手机这种东西更新很快，如果你买了一万块钱的手机，两三个月之后就会发现它的价格跌下来了，一年之后就跌得更低了。这样，你就被套住了，而且这种套住是永远解不了套的，你能做这种傻事吗？"我觉得这话说得很有道理，确实有道理，应该说很能启发我们的经济头脑，在座的各位同意吗？

后来我再一想，就想明白了这样一点：实际上，这位嘉宾是我们时代的两个基本原则的人格化。第一个原则是资本的逻辑。资本的逻辑，就是持续不断地保证大货币生小货币的过程，资本一旦离开了这个逻辑，作为资本它就死掉了。第二个原则是资本增长要有效率。你若增长得比别人慢，别人的资本就会让你的资本死掉。所谓"套住"，就是这个意思。至于判断会不会被套住，由于这是一个资本增长的效率问题，所以当然能用数学的方式来预测。我们通过某种数学的方法，可以确认我们的最佳选择应当是什么。上述这两个原则，都在这位嘉宾的身上得到了集中的体现。

我不是在这里批评他。这个时代正是要求我们这样生活的。在这个时代中，我们的生活确实在许多方面都可以用经济学的术语来描述。我们今天最常用的字眼是"成本"与"收益"、"投入"与"产出"等等。在这些字眼中，隐含着对我们所作的抉择与行动的意义规定。而这些意义规定，都是可以通过逻辑和数学来加以讨论和分析的。除此之外，我们还能为我们的生活给出其他种类的意义规定吗？

于是，我就进一步推想：我们这个时代的伟大人物或英雄人物，应该是什么样子的？我们从公认的当代英雄的身上，去寻找我们可以领会到的生命意义，而这种生命意义是不在上面所讲的资本逻辑和数学分析的范围之内的。你不妨试一试，看看能否找得到。我刚才提起的那位嘉宾，可以算是一个英雄吧？至少是上海的一个英雄。更大一点的英雄人物在国际舞台上，比方说比尔·盖茨，就是一个大英雄。比尔·盖茨给我们启发出了怎样的意义？这样的问题都不妨提出来讨论一下。

在这样的时代，如果我们的生命意义除了可用资本逻辑和数学原理来表达的那种之外，就并无其他意义，那么，哲学何为？倘若我们这个民族有真正的宗教，那么在今天，同样也就要问：宗教何为？不过，我们中华民族并没有严格意义上的宗教，所以问题还是在哲学上。各位到这里来听我讲关于哲学的话题，我没想到会有这么多的人。所以，我相信，把大家吸引过来的，是我们确实都在思考生命的意义问题。

两种理论的两种逻辑

哲学何为？这个问题实在很有意思。我们在今天恐怕不会追问"科学何为"，因为科学的价值早已是一个明明白白的日常生活中的事实。那么哲学呢？哲学有一点是和科学相同的，那就是它们都是理论，都具备理论的形态，所以我们很容易把它们当成同一种性质的学问。如果说有区别，我们会这样想，每一门科学都有它自己的具体的研究领域，而哲学，好像是把整个自然界和社会世界都纳入自己的视野中去了。这样，哲学似乎就在人类的知识体系中居于最高等级，是科学的科学、最高的科学。若这样来理解，我们就总搞不清楚，为什么需要这个"最高科学"呢？

因此，重要的问题在于，我们如何去说清楚哲学与科学之间的区别。正是在这种区别当中，我们有可能真正进入对于人类生命的意义的思考。

科学与哲学虽说都是理论，都具备理论形态，都用概念说话，但科学理论是说明经验事实的因果关系以及现象之间的规律的，它并不追问这些经验事实本身是如何出现的，它把经验事实当成现成给定的东西，它的任务只是去正确地描述它，即用一种合适的方式来描述。近代以来的自然科学是用数学的方式。于是要问：

"对经验事实进行数学的描述,有什么意义呢?为什么要这样去描述?"道理非常简单:为了控制经验。我们把自然现象放到数学公式中去的目的,正是为了控制自然现象,控制整个自然界。

伽利略是近代自然科学之父,把这个称号给予他是合适的,因为他第一次明确地把数学引入对物理现象的描述之中,并且明确地认为:物理现象仅当能被数学来描述时,才是真实的。这个想法有一个哲学上的后果,可用培根的一句名言来表达:知识就是力量。这就是说,知识不仅仅是我们的理智兴趣的满足,并非只是揭示自然界的奥秘。伽利略把数学原则引入自然科学,就是培根这句话的实现。知识怎样成为力量?只有当我们运用数量关系去理解、把握自然,我们如此获得的知识就是对自然的支配。这种知识原则表明,一种新的时代精神已经出现了。这种精神通过与资本原则的结合,到了今天,更全面更彻底地规定着我们。自然科学知识帮助我们控制自然世界,社会科学知识帮助我们控制社会世界。所以,科学就其本性来说,就是技术。

那么,哲学也是一种理论,它的情形如何呢?哲学不是对客观世界的因果关系的描述,而是一种阐发意义的理论。它运用的不是因果说明的逻辑,而是意义解释的逻辑,尽管它的语言在表面上看来很像科学。比如,当我们读马克思主义哲学的教科书时,我们就看到里面谈到了许多范畴:物质的范畴,运动的范畴,时间的范畴,空间的范畴。在历史唯物主义部分,有生产力、生产关系、经济基础、上层建筑等,你们怎么理解这些范畴?你们是不是把这些范畴和物理学上的那些范畴,看成性质相同的理论概念?一种哲学理论,似乎也像科学那样给出了对外部现实的概念描述？其实不是。例如，历史唯物主义中的生产力、生产关系、经济基础、上层建筑这些范畴，其实不是描述性的，而是对人类历史所作的意义阐发。当我们在人类物质生产运动中，区分出生产力和生产关系这样两个方面时，我们是在做一种意义的阐发，而不是对它历史本身的某种自在性质的表达。我们只有明白了这一点，我们才能理解为什么哲学的理论经常是多元的。

我们没有多元的物理学，没有德国的物理学和中国的物理学的区别。至于哲学，就有这个区别。哲学学说的多元性，根源在哪里？是因为意义的阐发可以有种种，目的在于建构人类生命的价值。

假如我们人类的精神只满足于，也只需要关于外部世界因果关系的说明，我们的心灵实际上有另外一半没有得到满足。这另一半是什么？是对我们生活的意义的理解。这一半的满足，有几种方式。一种是艺术的方式，一种是宗教的方式，还有一种就是哲学的方式。大概很少有人会问这样的问题：文学何为？因为我们大多数人都阅读文学，阅读小说和散文，并且很多人都曾经从中得到过愉悦。那哲学呢？我们从哲学中得到愉悦吗？如果能得到的话，有一个前提，那就是吃苦耐劳。你要真正进入哲学这个领域是不容易的，这件事情很费劲——然而，你所获得的愉悦将远远超出你所付出的辛劳。这是只有亲身体验过的人才能理解的。

因此，同样是阐发意义，哲学让我们望而生畏，文学却吸引着我们。"理论是灰色的，生命之树常青。"这是歌德讲的。文学直接地把生命展现出来。文学之所以能够展现，并不是因为它像照相机一样能把生命拍摄下来。在文学家的笔端，流淌出来的是他对生命意义的领会，他是凭借这种领会来描写现实生活的。这种描写，因此就不是对外部现实的简单模仿，而是让现实生活的意义在他所创造的形象中透露出来。我们在文学阅读中所获得的最高享受是什么？是对意义的领会，是对我们自己的生活的意义的领会。从这一点上看，我们便能理解为什么说文史哲是相通的。这些都被称为humanities（人文学问），人文学问的理论不是因果说明的理论，而是意义阐发的理论。

再以史学为例。一部真正的史学著作，不可能仅仅是把对过去了的事实的考证材料堆放在那里。如果是这样，我们就还没有读到历史，我们至多可以确认公元前多少多少年，有这样一个人做过这样一件事情，或者公元后多少多少年，有某人做过某事，或发生过什么事件，我们有证据证明这些事情确实如此这般地发生过。你们所读到的真正的史学著作，从来不是这样写的——这一步工作固然重要，但只是"前史学"阶段上的工作。在这个阶段上，我们甚至采用科学的方法，以保证我们能把过去的事实加以逼真地复现。

史学并不是为了简单地重现过去。史学之为史学，要求阐发这一系列过去了的事实的意义。意义之阐发，就在史学著作中，构成了史学著作的哲学成分。任何历史研究都有一个哲学的基本理解框架在起作用，没有这个理解框架，我们将不会有史学。

这样，我们就简要地区分了两种理论的两种逻辑，一种是因果说明的逻辑，它属于自然科学或社会科学；另一种是意义解释的逻辑，它属于humanities。如今我们所处的这个时代，是自然科学精神大行天下的时代，humanities被挤到了边缘的位置。

我们时代的意义标尺

我们今天从历史中得到什么？从哲学中得到什么？所得到的，恐怕统统都是对我们当下时代的否定和批判。但是，在否定和批判中，我们还未曾找到我们这个时代的意义基础。这就是我们今天最大的困惑。

倘若我们谈论我们民族的过去，包括她刚刚经历过的"文革"结束前的一段历史时期，我们从中读到的一切，都无法给我们今天的时代以意义。有些人确实常常带着怀旧的心情，回顾我们以往曾经经历过的伟大的苦难和伟大的成功，但这一切都过去了。历史帮不了我们，哲学也帮不了我们。

那么，就要问："如今我们每天的生活有没有意义呢？"确实还有。若没有意义，我们将无法生活。但是，我们对于我们日常的意义的基础从未追问过。比如说，我此刻在这里，正做着一个讲座，这件事是有意义的，比起我此刻待在家里来说要有意义。为什么呢？因为我要通过这个讲座，把我的某些观念传达给你们，引起你们的思考，思考这些观念，或许会对你们的学习与生活有好的影响。我就是带着这份意义来的，这个意义让我有理由站在这里讲，大家坐在这里听。

这个意义的基础是什么？你们看，在这份意义中，包含着这样一个意思：人们之间需要传达观念，而这对生活有好的影响。但是，这份意义里有些东西未曾被澄清。第一，观念能影响生活吗？这是不是个问题？第二，怎样的影响才可被称为好的影响呢？我必须回答这两个问题，才能证明我今天在这里做讲座的意义,是吧?这两个问题就是关于意义基础的问题。它们是不是哲学问题?显然是的。我拿这个来说明什么?说明我们每天都要有意义,但是意义都是有基础的。假如把基础抽掉,意义很难维持得住。

再比方说,今年你大学毕业,你发现今年的就业情况不好,所以决定考研。这个考研的决定有没有意义?它的实际意义很清楚:为了避开不利的就业形势。这里面确实有一个前提发生了,这个前提就是,你认为目前的情况无法让你得到一份理想的职业。这就是说,关于什么是理想的职业,你有确定的想法,是不是?那么我就要问,你是怎样获得关于好的职业的理想的呢?你会回答我说,这个职业应该给我以体面,应该给我较高的收入,应该比较可靠,等等。你把诸如此类的几项指标给了我。然后我再追问,你为什么要求你的职业是高收入的、体面的、又是非常可靠的?你回答说,这是生存需要,为了更好地生存。我再问,所谓更好地生存,这个"好"的尺度是谁给你的?到此,大家都会这样回答我:这是我们的时代规定的——对了,正是如此!在我们所处的现实社会本身中,隐含着很多规定性,正是这些规定性,形成了我们各种行动的意义以及所谓理想。

有的人将来想做高级白领,有的人想自己开个小企业,希望有朝一日成为大企业家。或者,有的人想成为某领域中的知名专家,或其他什么重要人物。这种种愿望,你以为只是你自己的理想?其实是你所处的那个世界的现实,给了你一把尺度,它衡量优劣,区分进步与落后。它把那个标尺颁布给你。有了标尺,就有了普遍认同的意义,这样我们就很省心,我们觉得事情很简单,无须寻觅意义：我们本来就生活在意义之中，为什么还要寻觅意义？然而，从现实世界的客观的意义标尺，转化为我们心灵中的理想，这当中有一个关键环节，那就是对这个意义标尺要有一种真正的领会与认同。

只有当我们把时代的意义标尺真正地领到了自己的内心，才能形成我们的生命理想。然而，我们的时代恰恰缺失这一关键的中间环节。倘若我们追问今天的成功人士、当代英雄，追问他们的成功的究竟意义，其实是没办法追问下去的，他们也是没办法回答的。他们的回答将始终只是"成功即意义""成功就是我的生命价值的实现"。除此之外，岂有他哉？

这个时代区分了强者与弱者。强者是什么？是在资本世界中位居资本高位的人。弱者是什么？是远离资本的人。所以，在这个时代里，我们必须不断地往上走。这个向上，不是走向精神价值的高度，而是一种数量的增长。揣在我口袋里的资本，就是我所拥有的社会权力，这个权力以量的尺度来衡量。这是一个基本的事实，是让我们形成奋斗目标的意义标尺。但这个标尺，不可能成为我们心灵的家园——我们没有家，我们只有空间，即资本的空间。这个世界给了我们许多现实的规定性，但是由这些规定性所产生的那个标尺其实是非精神的东西，不可能进入我们的心灵。

当然，我们有亲属意义上的家，但我们没有心灵的家。什么是心灵的家？就是我们每个个人有完整的生活意义体系。没有这样的体系，我们就无家可归。问题是，这个家如何构筑？需要宗教或哲学。在此我们且不谈宗教，只谈哲学。哲学在当代受到了最大的考问，因为它没办法帮我们每一个人构筑生活的意义体系。

哲学与现实世界

此时,我想起了马克思的这样一句话:我们是从世界本身的原理中为世界阐发新原理。马克思用这句话来表达他从事哲学工作的真实目标。因此,如果说哲学在今天没法为这个世界阐发它的新原理的话,那么,哲学就没有达成它的目标。

通过马克思的这句话,我们也可以再度体会哲学是一种意义阐发的理论。试想,我们能否说物理学为世界阐发新原理?物理学所阐发的原理本无时间性,是不是这样?它们没有什么新与旧的区分,而只有"未曾发现"与"已经发现"之间的区分。比如,万有引力定律,不管你发现还是未发现它,它总是这个宇宙当中的物体之间的引力关系。物理学解释世界,哲学也解释世界,但哲学还必须在它对世界的解释中为世界阐发新原理。哲学解释世界,是为了让新的意义有可能出现。哲学不能凭空地提出意义,它必须通过对当下世界本身的原理的阐发,即对当下世界的意义基础的阐发,让新的意义有可能生成。这项工作现在受到了阻碍。怎么会出现这种情况的呢?

我们来看一看西方哲学史上的一些事实。直到叔本华(还可包括克尔凯郭尔)出现之前,西方哲学基本上是乐观主义的,这种乐观主义根源于对世界的理性主义的解释。通过理性,我们发现事物的客观本质,这也就同时证明:我们的理性不仅是我们头脑中的主观意识和主观观念,而且就是事物自身的内在本质。你们看,我们人类多么了不起,我们的理性使我们超出主观性,而达到客观真理。所以,我们的生命意义都应当从理性当中引申出来。这样的唯心主义鼓舞了西方人在整个近代的发展。

资本主义本质上是唯心主义的。把资本主义与唯心主义联系起来，似乎不通。我们今天谈到资本主义，总觉得它强调物质利益，资本的原则好像就是唯物主义原则。其实它是唯心主义的。为什么？因为资本主义生产的目标是抽象劳动的积累，资本就是积累起来的抽象劳动。这种积累起来的抽象劳动，形成了对具体劳动的统治权。资本就是这种统治权。在这种统治权下，我们每个个人的生命活动都必须为抽象劳动的积累奉献自己，也就是为一般交换价值的增长（即资本的增殖）奉献自己。这就是把人类的全部感性财富的感性特质抽象掉了，我们与自然的关系，我们的感性劳动，我们在自然界中的生命表现，我们赢得的每一份感性财富，都被抽象为"交换价值"。物质生产被理解为一种出自理性的自我规定的活动。而自然界，包括我们人类的感性生命，对于资本主义生产来说，就是有待它去处理的抽象的质料。所以，我们大学毕业之后就被合适地称为"人才资源"，我们是"资源"而不是"有感性生命和生命理想的人"！我们怎样看待感性财富，我们也就怎样看我们人自身，我们无可避免地被物化了。人与自然界之间的原初的、亲密的感性关联，我们在自然界中如同在自己家里的那种感觉，统统被抽象掉了。所以，资本的原则就是唯心主义的原则，它把劳动抽象化。在资本主义关系下的人与人之间的统治关系，其实质是抽象劳动对具体劳动的统治。正因为如此，这种统治获得了一种"市场平等"的隐秘形式，这就是奴役的当代文明形式。

马克思为什么要批判拉萨尔的《哥达纲领》？它看上去不是一个很好的社会主义纲领吗？它的第一部分说："劳动是一切财

富和一切文化的源泉。"但马克思说这是"资产阶级的说法",为什么?因为光有劳动是不行的,还有自然界呢。如果没有自然界,劳动能产生什么财富吗?劳动将失去自己的生存资料,劳动自己的生存资料就是自然界。拉萨尔想要为工人阶级赢得更好的生活状况,但是并不否定抽象劳动的统治权,所以,他所想象的社会主义,其实就是每个人都做资本家的社会,或者说是一个没有资本家的资本社会。这是一种不动摇资本大厦的基础的社会主义:劳动者仍然是奴隶,只是得到了较好的待遇的奴隶。

所以,工人阶级的解放是要推翻资本原则本身,即推翻资本的唯心主义。这个唯心主义现在十分强大。为什么强大?因为被积累起来的劳动(生产资料就是这种积累)作为一般交换价值,成为一种虽然抽象却很真实的社会权力,可以购买和支配他人的时间和生命活动。

有两种劳动:当下的现实的活劳动,和积累起来的死劳动。这两种劳动不结合,就没有生产,但现在是以这种方式结合的:积累起来的死劳动支配活劳动,而不是活劳动支配死劳动。马克思所主张的社会主义革命,正好是要把这种关系颠倒过来,让活劳动支配死劳动,即支配积累起来的劳动。

从封建主义到资本主义的转变,是一场唯心主义的进步、唯心主义的胜利,因为它提出了一个基本原则:积累起来的抽象劳动本身,就是一种"根据于理性的"权利,它不需要借助任何历史的根据、光荣的传统、高贵的血统等等。所以,资本的时代就如此这般地把以往的统治与被统治的关系所具有的宗教唯灵论的、神圣的光环通通取消掉了。欧洲社会就这样进入了近代。

自近代以来，古典世界的精神价值被一一抹去，宗教的、艺术的灵光，通通被清洗掉了，剩下的只有科学和资本这两件事情。人突然地处于这样的世界里面，其中没有神圣的光环，没有崇高的理念，只有科学的原则和资本的逻辑。在这个世界里，当代人终于感到无家可归。资本的原则并不提供任何精神价值上的目标，它的目标就是它自身的持续存在。它的持续存在就是不断增殖。资本一旦停止增殖，就变成了消费资金，作为消费资金，它将慢慢消耗殆尽，这个文明就会垮台。所以，资本是一列没有制动装置的火车，它必须不断高速运行。这就是我们时代的进步强制。

我们今天所能谈论的进步，统统都与资本增殖的效率联系在一起。尽管我们仍然能够谈论文化的进步、精神财富的创造，但是这些活动如果不能为资本带来效益，就一天也维持不下去。凡是与资本增殖无关的人类活动与人类爱好，统统都是个人琐事。正是在这个意义上，当今时代是一个意义空场的时代。最先体会到这一点的，是德国的哲学家叔本华。现在，就让我们通过叔本华回到哲学上来。

叔本华的悲观主义意志论哲学

我在这里谈论叔本华，是为了说明我们这个时代的意义空场是怎么被哲学领悟到的。

叔本华曾经受到康德哲学的启发。按照康德，外部经验世界其实是人心所构造，即通过人心的感性和知性的先天形式所构造。

但是，除了这些先天的认识形式外，总还得承认有不依赖我们的心的外部存在作为刺激了我们的感官的原因。这个外部存在，因为离开了我们的心对它的规定，所以说不出来它是什么。硬要说它，就称其为"自在之物"或"物自体"。这是康德的一个基本思想。

叔本华来考察这个思想。他说，第一，康德很有道理，所以我们不应接受那种简单粗略的唯物主义，说我们的感官天然地能够反映外部事物的自在特性。你如果说，这个盐是咸的，是因为你有味觉。咸不是盐的本性，而是盐的某种东西造成咸的感觉。但是这某种东西本身，你永远不知道。

下一步，叔本华就觉得康德有问题了。什么问题呢？康德那个物自体，说不清楚，道不明白。一定要说它存在，只能算是一个虚无的东西。叔本华认为有一件事被康德忽略了，是一个很大的事情。比如说，我们这个身体，是一个物自体吧？我用我的眼睛去看，用我的手去摸，它离不开我们借以感知它和认识它的那些先天形式。但是，若把所有这一切都去掉，它还是一个物自体，这点也没错。但这个物自体并不是无，只是对理性来说才是无。我深切地感受到的我的欲望、激情、意志等等，这些东西我都体会到了，我不能说我的身体只是一个物象，一种离不开对它的感知形式的物象。这个物自体不是无，是意志。意志不是被我们认识到的，而是被我们体会到的。我确实深切地体会到我乃是一团欲望、一团意志，这点你康德没有注意到。现在想想，有道理吗？说我这身体是一种肉体器官的组合，这只是在科学的或一般认识论的意义上说的，但是若把某种东西真正作为物自体来讨论的话，它当然不在空间里面，也不在时间里面。在空间和时间当中的东西，总是被我们感知它的直观形式所规定。被我们体验到的那份意志，不在时间中，也不在空间中。在空间和时间中的肉体，恰好是这份意志的表现形式。这种说法就很有意思，在此之前，没人这样讲过：身体作为肉体只是现象，它本质上是意志、冲动、渴望、欲望等等。

我们拿叔本华的哲学来做例子，是想来看一看哲学是如何阐发意义的。叔本华认为，生存意志这个东西，比被感知到的外物更根本。然后他进一步发挥：意志是无处不在的。整个宇宙作为感知的对象或理性认识的对象，只是现象、形式罢了。它内在根本的东西是意志。如果我们不同意，问他，无生命的东西有没有意志啊？他说，也有，譬如说力。无机物当然没生命，但它里面有力，比如引力。力也是来自意志的作用。力是意志的前形态，接下去是植物（生命界的开始）。所以，意志乃是宇宙的本体。

生命界当然最容易解释了。植物拼命地生长它的株杆，以便得到阳光；拼命地长它的根系，以便得到土壤中的水分，这都是意志使然。我家里养鱼，因为鱼缸太深了，上面的灯光不能充分穿透底层的水，所以这个鱼缸里的水草的特点就是长得特别高。瞧，这就是叔本华讲的植物的意志在起作用！植物是如此，动物更是如此，所以意志乃是宇宙的本体！——可以想见，叔本华一定不会同意达尔文的进化论。

按照达尔文的进化论，一个物种向另一个更高级的物种进化的原因，是各种外部自然力长期作用的结果。外部自然力作用于无数生命个体，父代生长子代，子代都有一些差异。由于外部自然环境的改变，那些恰好能适应新的环境的个体变异，就得到遗传后代的机会。没有这种变异的、本属正常的个体都死掉了，这个变异就在遗传中被积累起来，被表达出来，于是物种就发生变化了。这是完全用因果决定论来说明物种的进化。

我们若仔细想一想，会发现这种理论有问题。因为实在来讲，最能适应环境的倒不是复杂的、较高级的生物，而是较低级的简单生物，比如病毒。所以，生物界这个从低级到高级的发展，仅仅用盲目的自然力的作用以及适者生存的原理来解释，是很难自圆其说的。

从无机界到有生命界的过渡，也违反熵定律。生命的产生，要求能量从低位向高位集中，而不是从高位向低位耗散，是不是这样？难怪科学界也开始出现了非达尔文主义和反达尔文主义。若依叔本华的观点来看，物种的进化是由生存意志决定的。意志为自身创造了适应其需要的肢体、器官。我们切勿把这个意志当成我们自己的自我意识。我们平时一想到意志，会想到"我意识到了什么"这件事，其实不是这么回事。意识是后来的事情。在生物界里面，低级的动物即使没有意识，却仍有意志。

叔本华打了一个比方，就我们人来说，理性是什么？理性是不会走路的瘸子，但它有眼睛，它能判断，能看。它骑在没有眼睛的意志身上，意志能走路，有力量。如果这个意志把这个理性从自己的背上扔下来，那么理性就瘫在那里。当然，意志还会走，当意志撞得头破血流时，再找一个理性来。整个生物界按照叔本华的理解，是意志规定了成长和进化，是意志为自己创造了适应需要的肢体、器官。在人那里，意志还有一个更大的、更了不起的事情：为自己创造了脑髓，创造了"认识"作为自己的工具。我们想想，我们平时的知觉、想象、认识，这些活动的动力来自哪里？都来自意志。我们去知觉、想象和记忆的，是那些我们意欲知觉、意欲想象和意欲记忆的东西，是不是这样？

叔本华把他这个意志论讲得非常彻底。从这样一个意志论出发，有几个大的推论，其中之一就是：生命是痛苦。

我有时候想想，觉得真有道理。我们为欢乐而生，我们本应说"生命就是欢乐"，所以我们都那么怕死。但是实在来说，我们的每一份欢乐都应当被表达为"痛苦的暂时排除"。

我有一次在马路上看到有许多鸡都被装在一个筐子里，运送到市场上去。运送鸡的人想每一次尽可能多装一点，所以把很多鸡紧紧地挤在一起，这些鸡都在那里哇啦哇啦叫。它们为什么叫？因为痛苦。为什么痛苦？因为生命需要空间。这些鸡的生存意志规定了，它们在这么小的空间里面没有欢乐。这时候，你若把它们放出来，它们就欢乐了。不受挤压，就成了它们的欢乐。受挤压是生命的感觉，痛苦是生命的本质感觉。我们每天都在痛苦之中，因为我们有生命。生命是自觉的意志。所以，生命是通过痛苦来达到自我意识和自我保持的。假如你的痛觉很差，你就很危险，你的手伸在火里还不知躲避。我们的生命就是靠痛苦来保持自身的，没说错吧？所以，幸福乃是痛苦的暂时排除。

人生第一句话，就是表达痛苦。婴儿出生时的第一个声音就是哭。我们成年人听到了，以之为幸福的呼唤，因为我们很高兴：一个新的生命出现了。但是在他本人，实在是一次痛苦的挣扎，因为他要赢得第一次呼吸。从此以后的每一次呼吸，都是对死亡的威胁的抵抗，直到他的抵抗彻底失败时为止。这是人生的第一个前提。第二个前提是，人还知道自己的欲望，从而不断寻找满足欲望的种种手段和途径。但每一次，他只是让他的欲望暂时得到了满足。自然界为每一种动物所规定的欲望的种类都是有限的，而人类却采用了文明的方式来满足欲望。其结果就是新欲望的不断产生，呈几何级数增长，我们大多数欲望都是由原先满足自然欲望的方式所引起来的。

我们这个时代把这一点歌颂为进步，歌颂为文明。但是叔本华认为，这恰好是我们的苦难开始了。人类在这一点上是最痛苦的：欲望似乎是没完没了地产生的，每一种新的欲望就造成一种新的痛苦。

培根说"知识就是力量"，按照叔本华的意思，就应当说"知识就是烦恼"。两个截然不同的命题。为什么知识就是烦恼？因为知识增加了我们实现欲望的力量，而这种力量本身同时也增添了烦恼。此外，叔本华还说了一个颇有意思的想法。我们的欲望、意志驱使我们去繁衍后代，这件事情实在很糟糕。因为繁衍后代就是生出新的苦难，以及死亡的新的可能性。因为我们生出一个后代，就是把一个必死的个体生出来了。叔本华解释说，这正是性行为与羞耻相连的根本原因。他就这样来解释我们人类为什么会躲在一个别人看不到的地方从事性行为。

以上所讲，是拿叔本华哲学作例子来说"哲学是什么"。你们看，他的哲学是不是一种意义阐发的理论？阐发意义的理论，能不能用科学的方法来论证？没办法论证的。凭什么说这个世界的真相就是意志呢？这是没办法论证的，就像毕达哥拉斯关于数是宇宙的本原的断言是无法论证的一样。毕达哥拉斯的数的宇宙论虽然无法论证，却成了现代自然科学的一个基本前提。我们可以看到，叔本华的哲学和毕达哥拉斯的哲学，在阐发意义方面都具有很大的说服力。

叔本华最后说，在痛苦之中，我们人类还是有解脱之路的。人生总体上是一个悲剧，因为欲望和意志驱使着我们，我们没办法停息下来。有三条道路可以帮助我们解脱。第一条道路是艺术，特别是音乐。当我们聆听音乐的时候，在我们身上起作用的那个生存意志平息下来了。当音乐起来的时候，它的旋律在我们耳旁轰鸣，我们听到的是什么？如果这个音乐作品是我们的意志的对象的话，我们就不可能对它有审美的观照。我们只有在艺术中时，才会把自己从意志的主体转变为一个纯粹的认识主体。叔本华不是说，认识是为意志服务的工具吗？假如把为意志服务这一层去掉，认识就是纯粹的认识，在纯粹的认识中看外物时，我们所获得的就不是事物的概念，就不是把花认识为植物的生殖器官，花就是花，它是美妙的。这时，我们作为纯粹的认识主体，不是被意志驱动着去规定外物。这种纯粹认识就是审美。大家可以想一想，他的这个说法有没有一定的道理。

除了艺术，还有哲学的沉思，因为哲学的沉思不是科学的思考。在哲学中，我们是为了意义阐释而从事认识，从而，我们也暂时地摆脱了欲望和意志对我们的支配。此外，还有最高的道德境界，也是从生存意志那里的解脱，因为那是一种普遍的恻隐之心的发动。

按照叔本华，自己与他人之间的区别，你与我之间的区别，你是你，我是我，即不同自我之间的区别，都是认识造成的，都只是现象上的区别。如果按生存意志来看，这种区别就消失了。你的那份痛苦，我能深切地领会到。真正善良的人明白这一点，他可以从他人那里推及自身，或者以己推人，感受别人的痛苦犹如自己的痛苦。叔本华说，这就是最高的道德。因此，一个善良的人能够承担起整个世界的苦难。如果认为唯凭理性才使我们有道德，按照叔本华的哲学，就是谎言。

总之，有三种方式可以让我们暂时地摆脱欲望、意志对我们的支配，那就是艺术、哲学和最高的道德。不过，这些都只是暂时的摆脱，就像我们在音乐中陶醉着，只是暂时远离着现实世界的苦恼。我们不可能没完没了地处在音乐之中，我们还得返回现实世界。一旦返回现实世界，我们原先在音乐欣赏中对现实世界的那种优越感就消失了。

那么，彻底的解脱是什么？涅槃。切勿以为它是指死。佛教讲的涅槃，是超越生死，不生不死。这里面的道理很深，今天在这里三言两语讲不清楚，而且有很多是要意会而无法言传的。我只能简单地说一下。

我们每天都怕死，这是很自然的事。但是，如果我们干脆一下子跳入虚无之中，就站在虚无一边反观生命，我们就不会仅仅眷恋那种与死直接相对的生。我们在虚无中才反观到生命的真意义。站在虚无的立场上，我们怎么生活？这个生活当然就不再是对种种欲望之对象的眷恋了。我们平时眷恋这个生活，是因为总是执着于外物，执着于自我。我们平时是在这个意义上恋生的。

这种恋生并没有沐浴到生命本来的光辉，我们每天蝇营狗苟，被各种外部的利害关系所牵扯，来来去去，竞奔逐走。你怎么才能把这种"恋"破掉呢？你就站在虚无中看生命吧。在这样的境界中，通常的那种生与死之间的严格区别就消失了。这是我所作的一个简单的解释。佛学关于涅槃还有很多的说法，我只是取其要义而已。

我们现在来想一想，该怎样评价叔本华的哲学？这个哲学是悲观主义的。它仿佛说了这样一个道理：这个世界，这个宇宙，是为了让我们痛苦而存在的。大自然给予我们生命，就是给予我们痛苦。而乐观主义的哲学，应该把宇宙、世界看成为了使我们高兴而存在的。那么，现在，我们应该选择哪一种哲学呢？是悲观的还是乐观的？是把宇宙和世界看成人的家园，在其中可以得到幸福和快乐的家园？还是应该像叔本华那样，把这个世界看成不断给予我们痛苦的地方，让我们永远不高兴，我们应该弃绝这个世界？

我们怎么选择？从科学的观点看，这两类哲学都没有道理。宇宙既不是为了让我们高兴而存在的，也不是为了让我们痛苦而存在的，它如其所是地存在。但我们不能取科学的观点，因为哲学所遵循的并不是因果说明的逻辑，而是意义解释的逻辑。所以，选择哲学，就是选择一种意义解释。写《西方哲学史》的英国哲学家罗素，他在谈到叔本华哲学时说，这个问题其实不是用理性来回答的问题，是气质问题，看你是哪一种气质的人。我们总是选择符合自己的气质的哲学。这大体是对的，但是没有把问题说到根本上。

哲学在今天成为每个人的生命探索

哲学是它身处其中的时代问题的产儿。欧洲人起初并未接受叔本华的哲学，他们欢欣鼓舞地接受黑格尔的哲学，从中获得对于欧洲社会无限进步的信念。但是，后来，越来越多的欧洲人离开了黑格尔哲学，转而接受叔本华的思想，再后来，甚至还听懂了尼采的声音。为什么？因为当资本的逻辑展开到那个阶段时，当代世界的意义空场充分地显现出来了，人们在叔本华的哲学中读到了欧洲资本文明已经透露出来的虚无。

资本原则在本质上的虚无主义，在于它所要求的生活方式缺失任何精神价值目标。这种生活方式，只能用"生存意志"来表达了。它就是意志。除了意志以外，再无别的什么。这就是我们理解叔本华哲学的时代根据。罗素说，虽然选择悲观主义哲学还是乐观主义哲学是一个个人的气质的问题，但是，毕竟，在西方哲学史上，大多都是乐观主义哲学占了统治的地位，所以，我们多少应该感谢叔本华提供了一种悲观主义的哲学作为"解毒剂"。这个说法也是有道理的，但也没有说到根本。实际上，对于当代资本文明的虚无主义，同时体会到的人很多，克尔凯郭尔是一个，马克思也是一个。但马克思拒绝悲观主义，他想在一个意义空场的时代，一个以虚无主义为根基的文明世界中，指出人类未来的意义在哪里。

我们只读一下马克思的异化劳动学说，就能体会到，马克思实际上已经揭示了在资本原则中的虚无主义，他揭示了抽象劳动对于感性的活劳动的支配权，他把这看成现代贫困的根源。在现代资本所规定的生存条件下，我们必须把我们的感性生命投入抽象劳动的积累中去。资本主义生产剥夺的是我们的感性生命。你的劳动的感性的、个性的特征，除非能有效地增长一般交换价值，否则就是毫无意义的。你必须尽量清洗掉你的劳动中的所有个性特点和艺术感觉，这样资本才会承认你的劳动。泰勒制就是一个典型。你的个性和你的生命感受，是你个人的事情，与资本何干？这是资本所不需要的品质。

哲学在它既往的方式中，曾经通过理性主义的方法，给出一个一般的永恒的理念、目标，以解释这个世界的最终意义。黑格尔给出过"绝对精神"，在黑格尔之前的康德，给出过"道德的绝对命令"，给出过"世界的永久和平"的观念。今天，我们已无法在这种理性主义中获得这个世界的意义。在叔本华、尼采的意志论哲学之后，出现了以海德格尔、萨特等人为代表的存在主义哲学。在存在主义哲学之后，又出现了我们今天看到的后现代主义。

后现代主义说，我们这个时代是一个已经终结了宏大叙事的时代，以往的一切解放话语都纷纷瓦解了。自从出现了叔本华、尼采这样的意志论哲学家，我们这个时代的虚无主义真相已是路人皆知。人类不可能再回过头去求助于理性的形而上学，以得到绝对的真理，尼采把这一点说成是"上帝死了"。既然上帝已死，我们何处去寻找意义？这就是"当代哲学何为"这样一个问题。

马克思给了我们一点启示。他是这样说的：异化的扬弃，与异化走的是同一条路。这就是说，在异化中正形成着扬弃异化的客观条件。我认为这非常有道理。例如，资本的发展有利于人类物质财富的多样化，即极大地打开了使用价值的领域。使用价值在数量上和种类上的丰富,是要归功于资本的。资本的发展,使人类的物质生产不再停留在有限的几种使用价值的范围之内,这就为未来的全面发展的个人准备了丰富的物质要素。

但是,这里还是有一个重要的前提,即人类对于物质财富的态度的改变。什么是态度的改变?即重建人与物的关系,以人的方式与物打交道。在对物质财富的享受中,不是采取一种动物式的享用方式,而是在其中实现人的对象性的本质力量的自我肯定。马克思在他的著名的《巴黎手稿》中讲了这个道理。然而,人类对待各种使用价值的态度的转变,其契机究竟在哪里呢?目前我们仍然不得而知。

在今天这样的时代,既然崇高的理念已经退场,我们就应当承认自己是平凡的人,每个人都应当承认。在当代,谁不愿意做平凡的人,谁就是想做当代英雄。但是,当代英雄都是数量的英雄,是量的扩张上的英雄。倘若我们在当代做成了这种数量的英雄,那么我们同时也知道,我们作为英雄的伟大,也正与这个时代的根本的渺小相一致。这个时代是如此的渺小,以至于无法估量自己的渺小。这是海德格尔说的话。我们应当甘愿平凡。在这个时代当中,我们没有崇高的苦难,只有琐碎的苦恼。那就让我们都站在大地上吧,用我们平凡而朴实的努力,展现出人性的价值。

我们背负小小的行囊,走在这时代的荒野上,去体验生命本身的价值。我们为了一些不起眼的,却又真切的生命意义的实现,付出我们的辛劳。尽管这些意义在这个时代的标尺上没有位置,但它们真实。只要它们真实,只要它们真切地符合人性的原则,我们就会在这些虽不起眼,却又真诚的努力中获得我们真实的愉悦。

我想，我们不必害怕在精神上的流浪，在这种流浪中，我们寻找绿洲，也许真的会发现绿洲。当宏大叙事已经解体的今天，叙事并没有停止，它们是一些小叙事。在无数的小叙事中，我们重新编织起生命的意义。所以，我要用一种形象化的语言说："背上一个小小的行囊，去做一些并不起眼的小事情。"

就拿我今天的讲演来说吧，它本身也是一件非常小的事情。我是背负着小小的行囊，流浪到了这里，恰好遇到了诸位，其中大多数人和我有相同的想法，也想寻觅生命的意义。为了这种寻觅，我们走在了一起，彼此交流。这就是我们的叙事之一种，虽然并不宏大。

最后，我想引用有人写下的一段话，是我偶然在报刊上看到的，他写道：

理想如星辰，我们永不能触摸到它，但我们可以像航海者一样，借星光的位置而航行。

这话说得真好。现在，我们没办法触摸到灿烂的未来，但我们希望它能够呈现。这星辰其实并非远在天上，而是在我们的心里。当我们的无数的小叙事放射出它们的光芒时，星辰就展现在我们的面前。

谢谢大家。

（全书终）

寻觅意义

作者_王德峰

编辑_王光裕　　装帧设计_肖雯
技术编辑_顾逸飞　责任印制_刘淼　出品人_贺彦军

营销团队_石敏 郭敏　　物料设计_肖雯

鸣谢

董歆昱 孙烨

果麦
http://www.goldmye.com

以 微 小 的 力 量 推 动 文 明

图书在版编目（CIP）数据

寻觅意义 / 王德峰著. -- 济南：山东文艺出版社，2022.10
ISBN 978-7-5329-6725-4

Ⅰ. ①寻… Ⅱ. ①王… Ⅲ. ①社会科学－文集 Ⅳ. ①C53

中国版本图书馆CIP数据核字（2022）第167090号

责任编辑：秦超
装帧设计：肖雯

寻觅意义

王德峰 著

主管单位	山东出版传媒股份有限公司
出版发行	山东文艺出版社
社　　址	山东省济南市英雄山路189号
邮　　编	250002
网　　址	www.sdwypress.com
读者服务	0531-82098776（总编室）
	0531-82098775（市场营销部）
电子邮箱	sdwy@sdpress.com.cn
印　　刷	北京盛通印刷股份有限公司
开　　本	880mm×1230mm　1/32
印　　张	6.25
印　　数	237,001～247,000
字　　数	135千
版　　次	2022年10月第1版
印　　次	2025年6月第17次印刷
书　　号	ISBN 978-7-5329-6725-4
定　　价	49.80元

版权专有，侵权必究。